흐느끼는 哀慕 애모

설영익

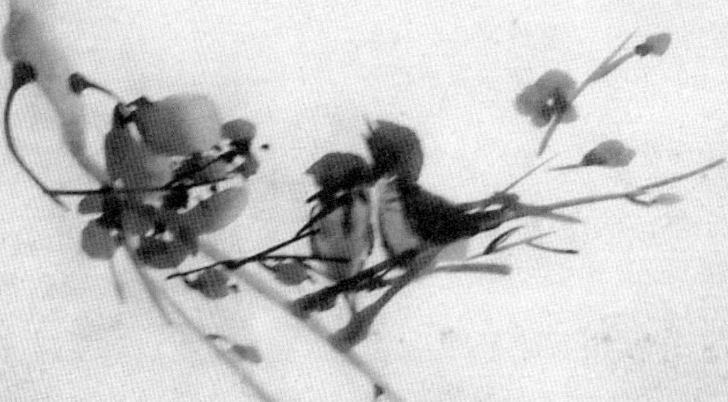

아트하우스출판사
도서출판

흐느끼는 愛慕애모

초판인쇄 / 2013년 3월 20일
초판발행 / 2013년 3월 30일

지은이 : 설 영 익

펴낸이 : 채 말 녀
편집인 ; 김 수 경
제호 및 표지그림 ; 안 순 보
디자인 ; 김 건 영

펴낸 곳 / **아트하우스**
주소 : 서울특별시 성북구 동선동 3가 250-1, 1호
전화 : (02)921-7836
팩스 : (02)928-7836
E-mail ; bestdrq@empal.com

ISBN 978-89-93639-60-5

값 10,000원

흐느끼는 愛慕애모

프롤로그 | Prologue

자연과 한 몸 이룬 생사生死원리 하나로
맑은 생각 부드러운 건강한 몸 만들며
한 호흡 한걸음 정성을 다하여
허정虛靜의 경지로 마음을 모은다.

정성은 나를 위해 보존하고
공경은 형제를 위해 쌓으며
사랑은 이웃을 위해 바친다.

정성, 공경, 사랑은 인간답게 하는 것
피와 눈물과 땀은
일가一家를 이루는 삼대 액체다.

2013. 2. 7

평담 설 영 익

| 격려의 말씀 |

시인의 사랑이 추상에서 구상으로 진전되기를

평담平潭 설영익 시인이 첫 시집을 내기로 하였다. 참으로 반가운 일이다. 그는 지난 몇 해 동안 재림문인협회 총무로서 협회의 활동을 꾸려왔고 꾸준히 시작詩作 활동을 해 왔다.

그는 시인일 뿐만 아니라 시낭송 교육가이고 우리나라의 전통 무예인 택견의 전문가이며 동양철학을 연구한 철학박사이다. 이렇듯 다양한 재능과 관심 분야를 가진 평담이 근자에 쓴 시들을 한데 모아 작품집을 내게 된 것은 본인과 우리 모두에게 크나큰 경사이며 자랑스러운 일이다.

평담의 작품들에는 끈끈한 애정愛情과 그 애정에 대한 강렬한 갈구渴求 즉 애모愛慕가 서려 있다. 그러한 애모의 대상은 때때로 신앙적 색채를 띠고 나타나고, 또 때로는 서정적 색조를 입고 나타난다. 그리고 그 애모는 시인에게 있어서 강력한 삶의 의지로 작용하여 그의 심신에 새로운 활력을 불어넣는 것으로 보인다. 이 때문에 평담은 언제나 생기와 활력이 넘치는 삶을 살고 있고, 또한 만년청춘의 광채가 어린 얼굴로 살아가는 것 같다.

이 사랑의 노래들을 한 권의 책으로 묶어냄으로써 시인의 사랑이 추상抽象에서 구상具象으로 진전되고 그의 삶 전체가 더욱 풍요롭게 되며 그의 앞날에 하늘의 은총이 풍성하기를 기원한다.

2013. 2. 7.

신학박사 남 대 극

전)삼육대학교 총장

현)재림문인협회 회장

| 축사·1 |

빛나는 눈길

설영익 시인의 시집 출간을 진심으로 축하 합니다. 사람의 발전은 여러 면으로 조명될 수 있으나, 특히 시성의 감동적인 발전이야 말로 누구나 할 수 없는 참으로 귀하고 아름다운 축하 받을만한 일임에 틀림 없습니다.

그동안 여러 면에 열심을 보였던 설시인의 고귀한 정신력과 예술의 힘이 이제 탐스런 열매를 맺어 고스란히 담긴 채 펼쳐지는 모습은 정말 아름답고 장합니다.

시구절절 마다 특히 깊고 능숙한 감동으로 사람들의 마음을 붙잡기에 충분합니다.
가슴에 응어리 되어 고이 간직한 예술의 깊은 묘미는 시가 아니고는 풀어내기 어렵습니다.

그래서 어떤 의미에선 시인이 아니고는 누릴 수 없는 위대한 진리가 곳곳에 숨어 있기에 이번 이 시집을 통하여 한국문단에 더 큰 힘이 되기 바랍니다.

머리와 손끝에 묻어나는 빛나는 무수한 작품들의 고뇌 속에 시인은 일생을 고요 속에 충분한 휴식을 가질 수 있습니다.

말은 적게 하지만 소리보다 더 큰 위대한 사상과 삶의 여정이 송두리째 흘러 숨 쉬는 생명의 강이 있어 보습 역할을 하기에 충분한 것입니다.

벼랑에 서 있는 것처럼 아직도 교단 안에 문학이 설 자리는 먼 것 같습니다. 그러나 투명한 개척자의 끊임없는 정신력과 힘찬 시적 용기를 통하여, 점차로 깊고 슬기로운 문학의 맥이 전신을 돌아 건강하고 돋보이는 문단이 이루질 것입니다.

우리 모두 그날을 바라보며 이 길을 여는 촉매제가 되고 신앙의 든든한 받침목이 되어 전진합시다. 특히 설시인의 용기 있는 시적 건투를 비는 바입니다.

2013. 2. 7.

재림문인협회 고문 박 영 준

전)영남 합회장

현)재림문인협회 고문

| 축사·2 |

온 세상을 누비며 활력을 부어 주는 시집을 만나는 기쁨

아무것도 하지 않는 것, 즉 전혀 관심이 없어 세상을 버리고자 하는 나쁜 타성들이 우리를 병들게 만드는 희한한 세상에 빛이 되고자 드디어, 평담平潭 설영익 선생이 첫 시집을 내기로 하였다. 참으로 기쁜 일이며 진심으로 환영한다. 그는 훌륭한 지도자이며 좋은 리더로 세상의 빛이 되고 있다.

효율적이고 도덕적인 리더를 지지하는 것은 세상의 좋은 친구가 되는 것이다. 좋은 친구, 즉 효율적이고 도덕적인 리더에 반대하는 것은 나쁜 친구가 되는 것이다. 그는 세상의 좋은 친구가 되기 위하여 꾸준히 남다른 생명 활동을 하여왔고 이러한 바탕 위에 생명사랑을 위한 실천적 시작詩作 활동을 해 왔다.

그는 시인일 뿐만 아니라 우리나라의 전통 무예인 택견의 최고 지도자이시며 동양철학을 연구한 철학박사이시다. 이렇듯 다양한 재능과 관심 분야를 가진 평담선생이 주옥같은 삶의 애환을 생명을 소성시키고자 쓴 시들을 한데 모아 작품집을 내게 된 것은 본인과 우리 모두에게 크나큰 자랑거리이며 희망적 삶의 안내가 될 것이다.

평담의 작품 하나하나에는 우리들의 이야기로 삶의 여정을 노래하며 끈끈한 애정愛情과 그 애정에 대한 강렬한 갈망이 내재되어 깊은 통찰을 하게 만든다. 따라서 애모愛慕가 서려 있기에 우리의 친구로 다가서고 있다. 그래서 환희가 넘치는 필력으로 다정다감한 시를 읽는 우리로 하여금 흠모欽慕하게 만들고 있다.

그리고 머리를 퉁 치게 하는 새로운 리더십으로 접근하게 하는 평담平潭 선생만의 인생에 대한 새로운 해석을 제시하고 있다. 이에 좋은 친구가 되어 세상의 사람을 이끌고자 하면서 사람을 따르게 하는 마력과 같은 그 무엇이 그에게는 있다.

이 주옥같은 시를 통해서 우리들은 우아하게 되며 우리의 정신을 새롭게 하기에 충분할 것이다. 극찬을 떠나 우리 인류 역사상 자신의 정신을 깨끗하게 유지하도록 만드는 지적 지도자의 역할을 이 시집은 잘 표현하고 있다.

또한 이 시집은 평담平潭선생의 사상思想이 강력한 삶의 의지로 표현되어 그의 생활신조를 시심詩心으로 표현 하였다. 이것은 삶에 대한 자신감의 표출이 그의 심신心身에 새로운 활력을 불어넣는 에너지원이 되었음이 분명하다.

이 때문에 평담平潭은 언제나 생기와 활력이 넘치는 삶을 살아 왔고 우리들의 귀감이 되어 영원히 아름다운 친구로 살아 갈 것이다. 이 사랑과 생명의 노래들을 한 권의 책으로 엮은 시인의 사랑이 우리들을 더욱 풍요롭게 할 것이다. 그의 앞날에 하나님의 복을 통하여 하나님의 은혜가 풍성하여 온 누리가 사랑으로 가득하소서..........

2013년 2월 7일

사회복지학 박사 **류 종 훈**

현)아름다운복지재단 이사장

현)한국 사회복지 상담학회장

차 례 | Contens

제1부 사랑을 아는 순간

제2부 바람의 애모愛慕

제3부 사랑의 종자種字

제4부 무심無心의 바다

제5부 계백을 그리며

제6부 풀잎 하나의 사랑

제 1부 사랑을 아는 순간

사랑을 아는 순간

사랑을 깨달은 순간
인생은 회오리처럼 변하고
거역할 수 없는 사명에 세포들은 떨고 있다
비켜 설 수 없는 몸부림
뇌신경은 마비된 듯 사시나무처럼 진동한다

그저 평범한 사람이
사랑을 아는 순간
미친 듯 변해버려

개펄의 갈대처럼 북풍을 이겨 선다

사랑한다는 것은

도회의 작열하는 아스팔트
어제 한잠도 자지 못하고 거친 숨 몰아쉬며
더운 열기 토한다

한숨도 자지 못한 택시
두 눈 부릅뜬 충혈 된 눈
광란의 그림자처럼
용광로 같은 열기를 꽁무니로 내뿜으며
취한 듯 비틀거린다

더운 열기
못 잊어 그리워하는 나의 상념想念이다.

꽃피는 그날

아직 봉우리로 남아
보이지 않는 훈훈한 숨결을 품다

세상을 향한 환한 호기심으로
밝게 드러내고 싶다

은은한 봄 햇빛에 취하면서
꽃피는 그날의
화려함의 가치를 헤아리고 싶다

당찬 호기심과
설레임의 가락은
어두운 마음의 흔적들을
털어내고 파란 마음으로 창공의 새들을 보게 한다

사람에게 주어진 보물
시간 속에서
공간속에서
평화의 인테리어들
숱한 좌절과 찬바람을 뚫고
희망을 먹었다

땅에서 천국을 그려놓은 꽃들의 재치
어둡고 추운 마음들에게
푸르름의 희망과
노란 연합과
붉은 정열을 주었다

영원한 비밀
생명의 신비를 알도록
내 영혼의 상처는 꽃피는 그날
하늘을 보며 치유되었다

흐느끼는 애모愛慕 · 1

해야 할 사랑이 남아있노라고
진작 쏟아내야 할 말이 가슴 속에
숨어있음을 알았을 때에
임은 사랑을 그리워하고 있었다

토吐해 내야 할 운명의 기다림
숨죽이며 지켜보는데
임은 안개처럼 사라지고 있었다

초승달 같은 미모 하이얀이 사라지기 전
흐느끼는 절세가인
도미의 여인으로 잊어달라지만
운명의 수레바퀴에 돌려진
너와 나는,
희망 아니면 숙명의 고난

풀벌레마저 침묵으로 역사의 현장을
외면하던 겨울 기인 밤
살수대첩의 영광마저 버린 잎새들 떠나보낸
오동나무에 마중 나온 달을 보고
요동평야 목덜미 향긋함 그리며 통곡해 보리라
영원을 사모하던 고구려의 사랑아

천하를 주름잡던 철기병들은 무엇하고 있느냐
오색찬란했던 의복들
화려했던 역사 다 어디로 흩어졌단 말이냐
너의 속에는 영원을 이루지 못하게 할
부등호不等號가 있었느냐

허난설헌이여 사랑하리라
조광조여 사랑하리라
묘청이여 사랑하리라

흘러내리는 눈물의 한 방울은
잃어버린 고려의 혼魂 삼별초를 위하여

또 흘러내리는 눈물의 한 방울은
안시성의 양만춘을 위하여

그리고 피눈물로 흘러내리는 눈물의 한 방울은
역사 속에 초라해진 대 백제를 위하여

최후의 흘러내리는 빛나는 눈물의 한 방울은
정해진 제국의 섭리를 거스르는
역사의 반역을 위하여

흐느끼는 애모愛慕 · 2

떠나버린 그 사람 가슴 속에 가슴 속에
잊으려 잊으려 해도 잔해殘骸처럼
환영幻影으로 남아있어
이별의 눈물
가슴에 숨기고 떨리는 손가락으로
그대를 '사랑했어요'라고 피로 쓴다

민들레 한 송이 노란 애모愛慕
4월의 대지에 사랑을 고백한다

겨울 긴 밤
인내로 다듬은 정갈한 보고픔이여
춘절의 시기만 지나고 가버리는가

설레는 마음 어디 두고
봉래산 찾아 선인仙人 되려는가

녹음 짙은
6월이 오건만
새 세상을 향하여
나의 사랑은 설화雪花처럼 가는구나.

상처 난 피사랑 일지라도

그대가 진정 날 사랑한다면
영산홍 붉은 꽃망울처럼
오직 사랑만 주어요

당신의 가슴속 숨긴 사랑을
당신만 알고 있으면 상사병이 들어요

그러나
나를 바라보는 보고픔만 가지고
붉은 목련의 시름을 가졌다는 것만으로
나를 사랑했다고는 제발 말하지 말아요

실연失戀의 상처가 너무 무서워
두 번 다시 사랑을 포기하련만
상처 난 피사랑 일지라도
찢어지고 버려지고 피 흘린다 해도

다시 사랑하게 만들어 주어요
오직 사랑을 위해서만
살았다고 말해 주어요

임을 향한 애가愛歌

임이여
돛단 배 밀려오는 남해바다
한적한 어촌의
포구로 가보아요

뭉게구름
해바라기처럼 피어오르고
남풍이 훈훈하게
가슴을 휘돌아 가는
잡목이 어우러진
포구로 가보아~ 요

해변, 양지 바른 쪽 모래사장에선
임과 나의 사랑의 발자국을
남길 수 있어요
세상의 온갖 풍상을 경험한
구멍 뚫어진 바위도
볼 수 있어요

그 바위에 걸터앉으면
마음 털어놓고
사랑을 고백할 수 있을 것 같아요

사랑은 너무 고귀해
진주 같아서
아무 데서나 마음을 휘어잡는
고백은 할 수 없어요

파도가 팡파르 울려주고
물새가 춤을 추고
광풍에도 쓰러지지 않았던
청석나무가 북풍을 가려 줄 때
고백할 수 있어요

임이여
어서 빨리
돛단배 밀려오는
외진
남해바다의 포구로 가보아요

거기 양지 바른 모래사장에
임과 나의 사랑의 그림을 그려요
그리고 나면 파도가 지우고
또, 그리고 나면 파도가 지우는 곳으로

낙엽의 사랑

활엽수의 핏방울이 지천으로 널려 있는
가을 산천은
뚝뚝 떨어지는 피 그림이다

화려했던 지난 날 정장을 풀어버리고
있는 모습으로
벗기 시작하는 나무들의 고백이다

오존을 쏘아대며 노화를 방지하던 태양의 화장술
정갈한 수분과 비타민의 효험마저도
바람의 화살은 막을 수 없었나 보다

해와 달, 별과 바람이
진실을 말하듯

노란 단풍은 체액의 솟구침으로
붉은 단풍은 적혈구의 화신처럼
진실하게
존재의 의미를 각인한다

가실 날 알게 하는 낙엽의 지혜로움
허우적대며 병들어 짐이 되는

존재의 긴 여정보다

떠나가는 발걸음이
그대를 향한 마지막 사랑인 것을

미칠 듯 사랑했던 그대이기에
파헤치고 소유하고 보듬는 사랑보다는
낙엽의 지혜로 떨어져

그대가 한없이 보고파지는
서러운 고통을 피하기 위해
나는 이불이 되어 발등을 덮습니다.

외로움을 위하여

열대야의 정열 속에서
외로움이 느껴지는 것은
그대에게 바치는 나의 땀이 적었기 때문이다

짭조름한 마파람의 미풍이언만
상처 입은 영혼의 갈등으로
바람의 소리마다 가슴을 아프게 한다

동방결절洞房結節의 전류가 흐를 때마다
폐포肺胞의 숨겨진 그리움으로
전류가 찌릿하게 느껴지는
삶을 그리워하는 것은
그대를 사랑했다는 세포들의 반응이다.

21세기 격동의 현대사
표류하는 제국들 운명의 종착지는 어디인가?
구름물결의 출렁이는 파도를 타고
별을 향하여 돌진하는 밤
달빛을 등대삼아 시대의 파도를 낚는
어부가 되어간다.

별은 하늘에서 빛나는데
그대를 향한 숨겨진 마음은
영혼의 좌표를
흔들어

사랑했다는 것 때문에
이브를 너무나 뜨겁게 사랑했다는 것 때문에
나와 너는
오늘도 금지禁止된 사랑의 굴레에 쌓여

옛날 이야기를 벗 삼아
열대야의 외로움을 달래고 있다

나는 그 길을 가고 싶다

내 가슴에 하나의 소원이 있다면
그대에게 한 송이 꽃으로 피어
연어의 사랑을 고백하고 싶다.

보이지도 잡히지도 않고
홀로 돌아가는
그대의 발걸음

바라보며 쓸쓸히 돌아서는
나의 모습이
그대에게 바치는 처절한 애정이지만

그대의 텅 빈 가슴
채울 수만 있다면
흐르는 폭포 되어
나는 그 길을 가고 싶다.

가신 님 그리며

연꽃보다 더 진한
그리움으로 마음을 사로잡았던 임

저녁 솔 향 연기처럼
마음 주고 사라져 버리네

손짓 한번 다정한 밀어도 없이
대나무 잎 울리는 바람처럼
보이지 않지만
흔들리게 하여요

가신 님 보내고 싶은 마음
하나도 없지만
뒤돌아 오는 공허한 뒷모습은 보이기 싫어
서러움에 복받쳐 눈물만 흘려요

임은 향불로 거듭 태어나
한송이 꽃을 가슴에 새겨놓고
바람 부는 날
비 오는 날이면
가슴에 찾아와

노크하여요

하소연

은하의 고독이
이어지는 겨울 기인 밤
그리운 사람의 가슴으로 날아가
더 이상 못 참겠노라고
매달릴까?

피를 말리는 그리움과
서러움이 터지는 보고픔
당신만을 가슴에 넣고
못다 주고 남은 정情이라고
타는 입술로
하소연 할까?

긴 겨울 눈보라
한숨 소리 서릴 때
뜨거운 눈물로
차가운 가슴 녹여
붙들게 할까?

지나온 세월
바람만 불어도 생각나는 사람

텅 빈 마음 던지며
상처 난 시간들 흐느껴 운다

애절한 달 님 눈물
상사想思의 긴 밤 막지 못할 때

아픔 참으며
웃을 수 있는 용기는
그리움에 피맺힌 사랑의 힘.

이 밤도 흐느끼리라

강물도 흐르고
세월도 흐르고
청춘도 흐르고

기다리는 임은
소식이 없어

차라리 만나지 말았더라면
차라리 듣지나 않았더라면

나는 찢어진 가슴으로 울고 있네
찬이슬 맞아가며
짭조름한 해풍을 얼굴에 비벼대고
나는 심장으로 울고 있네

오신다는 말이나 하지나 마시지
변죽만 울리고 애간장 녹이는 임아

저 달이 변하면 오신다더니
태양으로 징표를 삼는다더니
별이 떨어지면 오신다더니

이젠 홀로 남아

찬이슬 가슴에 품고
흐느끼리라
아무도 몰래 옷소매로
입을 막고
흐느끼리라

은하銀河의 눈물에 젖어
달빛에 젖어
이 밤도
흐느끼리라

임의 가슴 속에

한 송이 꽃으로 별빛으로
임의 불타오르는 가슴속에 남고 싶어요
임의 가슴
활화산처럼 솟구치는 격변의 바다

기쁨과 열정
고독과 체념
임이 있기에
나는 어두운 밤의 등대를 만났어요

꿈같은 밤 지나고 여명의 아침 오면
새벽과 함께 피어나는
임의 환하고 애틋한 꽃망울 같은 미소

임은 하얀 눈송이처럼
가슴 깊이 피 흘린 심령의 상처를 덮습니다

보고 또 보고픈 사람

천년을 기약한
하얀 학처럼
인고忍苦의 세월 소나무의 푸르름으로 이기고
다듬고 보듬어주는
어미 암탉 같은 사랑에
세상 물정 모르고 외로운 줄도 몰랐습니다

흘러가는 세월의 물 길 따라
곱던 얼굴에 주름으로 사랑을 그렸고
가슴에 품은 정을 손으로만 만졌습니다

헌신하는 임의 뒷모습 바라보며
심장에 감춘 눈물로
한 올 한 올 정성스럽게 짠 베옷처럼
가슴에 숨은 정情을 이제야 펼칩니다

첫 만남 설레는 떨림으로 시작한 것처럼
세파世波의 거친 물길에도 그대여 변치마소서

날 진정으로 사랑한다면

그대가 날 진정으로 사랑한다면
눈으로만 말해주세요
그대가 날 진정으로 사랑한다면
귀로만 들어주세요
그대가 날 진정으로 사랑한다면
코로만 맡아주세요
그대가 날 진정으로 사랑한다면
내 마음에 침묵 속으로 들어오세요
그대가 진정으로 날 사랑한다면
내 손목을 꼬옥 잡고
당신 없이는 '살맛' 이 없어요 라고 말해 주세요

타는 가슴

차가운 눈물을 인내의 심장으로 녹여
가버린 그대의 뒷모습 바라보며
흐르는 눈물에 꽃잎으로 배를 만들어

사랑했노라고
그리워하고 있다고
목마른 보고픔으로
눈물 위에 그리움의 배를 띄웁니다.

제2부 바람의 애모愛慕

바람의 애모愛慕

영겁의 세월 속에 종잇장 같은 인연으로 만난
당신과 나의 운명
피할 수도 더할 수도 없는 사슬로 묶여져
외마디 소리 지르며 외길 걷고 있습니다.

불타오르는 내 심장의
근원 속에 들어있는 그리움의 씨앗이여
생명을 잉태하는 파란 새싹의 아픔으로
태양 같은 당신이 보이지 않으면
내 심장은 어찌할 줄 몰라
방망이처럼 두들깁니다

사랑이 아무리 깊어도 산들바람이라지만
향기 나는 당신의 숨소리가 아니면
멈추지 않는 내 가슴의 박동소리
백마 타고 오는 초인超人도 치유할 수 없는
내 가슴 갈피 속에 숨겨진
순정純情

그리움에 지쳐 피로 얼룩진 나의 세포들
오직 당신만을 그리는 안타까운 연모戀慕
고뇌의 땀으로 밤새도록 다듬이질한 정갈한

그리움의 베로 당신을 위한 세마포를 만듭니다
보고 또 보아도 다시보고 싶은 내 님 때문에
내 마음은 잿빛 애간장으로 타들어 가지만
당신의 변치 않는 십자가의 사랑을 믿기에
난 다시 용기를 내어 바라봅니다

내 생명의 파란 씨앗이여
당신에게 드릴 것은
피투성이 상처뿐인 다음어지지 않는
내 삶이지만

있는 모습 그대로
당신만을 위하여 이 한 몸
바치려 하옵니다

피 묻은 애모愛慕

당신을 향한 그리움은 나의 삶의 전부
당신의 외로움은 나를 향한 애모였음을
나이 들어 알았습니다.

인자는 거처할 집도
따스한 이웃도 없이
나를 향한 그리움,
갈망 그 자체로 사셨습니다

당신은 홀로 피 묻은 가시밭길 짐을 지시고
고독의 외나무다리를 건너갔습니다

내 인생의 키워드는 당신에게 있건만
난 당신을 멀리하고
파도에 휩쓸려 멀리 떠나가는 난파선처럼
홀로 살려고 발버둥 쳤습니다

멀리, 멀리 도망간 둘째아들 탕자처럼
집 떠난 지 수년
난 아버지를 생각지도 않았건만
그리움에 목이 마른 당신이
대문에 기대어 기다리는

나의 아버지였음을 나중에 알았습니다
십자가 붉은 피는 마음으로 흐르고
입혀주신 가죽옷은 내 삶을 가려주니
통한의 눈물로 심장을 씻어내고
생명 버린 당신사랑
뼈마디에 새깁니다.

아버지여,
당신은 내 희망의 원천이니
이 마음 변치 않고 따라가게 하옵소서

태양의 애모愛慕

기름진 들녘에
파란 생명의 몸부림은
실 아지랑이로 꿈틀 거린다
18세 소녀처럼 희망을 향해하는
향기로운 몸매는
조선의 꿈이었지만,

깊은 잠에 빠진 새벽에
게다짝에 채인 종아리는 홀로 서지 못했다
사랑이 충만한 가슴 불타 버리고
눈물은 말라버려
회한의 가슴 쓸어 담고 살았다

1950년 6월 25일 새벽
콩 볶듯 작열灼熱하는 탱크의 포탄은
철갑으로 다듬어진 두개골을 폭파시키고,
타들어간 가슴속엔 대못을 박았다
으악! 까무러져
쩌억 벌어진 입에는 탱자가시로 틀어막고,
백주 대낮에 자행하는 살육을 태양은
차마 눈을 떠서 보지 못하였다

금수강산 삼천리는
피눈물로 도랑을 이루고
금빛 찬란한 옥토 삼천리는 악취 진동하는
산야가 되었구나
아~
절망의 나락으로 떨어져 구름사이 숨어버린
태양이 보이지 않는다
칠흑 같은 어두운 밤 얼마나 긴 세월이었던가?
부모에게 버림받은 미아처럼
우리는 이렇게 일백년을 살았다

버려 버릴 때 새로워지는 나무처럼
동트는 여명의 새벽도 찾아오는가?

증오와 분단
갈등과 반목 속에
뿔뿔이 헤어진 역사
아버지! 어머니! 형제들! 고난풍파 휘감았던
62년 세파

기나긴 세월동안
심장으로 흘려야만 했던 눈물들과

가슴 터놓고 웃어보지 못한지는 또 몇 년인가?

한강과 대동강은 서해에서 만나고
백두대간은 개마에서 보성까지
한 몸으로 내달리는데,
어그러지고 상처 난 남북의 형제들
끊어진 허리
피 흘린 상처에선
아직도 붉은 피는 멈추지 않는다

끈질긴 미움의 사슬
결코, 너의 탓은 아니지만
이제는 증오의 족쇄 채운
분노의 노예들이 되어 버렸구나

오! 칠천만 형제여!
구름이 남과 북을 자유롭게 떠다니듯
통일의 구름 떠다니는
푸른 가슴 만들지 않으련가?
사랑으로 화합하고
용서로 하나 되는
대한민국 그날을

한번 뿐인 사랑을 위하여

청춘 같은 삶이 있다면
사랑을 주고받는 일이리라
날마다 피 끓는 정열로 토해내는 힘이 있다면
사랑의 힘이리라

나의 사랑이여! 달빛 같은 은은한 그리움
소슬바람 불 때마다 생각나는 당신 모습
미칠 것만 같은 마음인데
당신 생각은 더 또렷해

이 세상이 아름다운 것은
당신의 아름다운 미소와 태양 같은 눈동자
가슴에 숨 쉬는 열정과 숨 막힐 듯한 체온

당신에게 모든 것 드리고 싶은 이 마음
아까운 것 하나도 없어요
영원히 당신만을 내 인생의 주인으로
받들어 당신 뜻 따르려 하오니

내 님이여 내 속에 들어오서
당신 것으로 삼으소서

흙의 애모愛慕

나는 지금 떨고 있다.
격렬한 세포들의 움직임으로
사시나무 떨 듯이 떨고 있다.
격렬한 몸부림으로
땀이 뒤섞여지는 혼돈의 몸부림으로 떨고 있다.

너의 달콤한 사랑의 전류가
나의 몸을 휘저어
순간도 정지하지 않는 그리움의 포로가 되어
내 은밀한 그 살
내 은밀한 사랑의 정보가 숨어있는 그곳까지
너의 사랑의 전류는 파고 들어와
나를 애무한다.

누가 이 현묘한 생명의 이치를 깨닫는가
오월의 잎새가 저리도 푸른 것은
생명의 본능을 감지한 때문이다.

생명의 에너지가 어디서 오는가
사랑의 전류를 타고
흘러 흘러 내려온 것이다.

태양도, 달도, 거센 파도도 맹렬한
회오리바람도 사랑의 전류로 살아가고 있다.

나무는 사랑을 머금고 산다
나무의 뿌리는 토양의 속살을 더듬고 있다.
땅의 신음소리가 우주를 진동한다.
온 천지가 서로 그렇게 정情을 나누고 있다.

잎새여
연한 잎새여
한 잎 두잎 떨어지는 그대의 흐느낌에
내 가슴의 사랑도 흐느끼고 있다.

흔들림

지상의 모든 것이 흔들린다
흔들리는 건 태양, 별, 달이 아니다
심장이다

보여줄 수 없는
나의 진실
떨리는 사랑 앞에 흔들린다

바람이 흔드는가
나무가 흔들리는가
어쩔 수 없는 사랑 앞에
너와 나는 흔들린다

수심守心

천하의 초목들이
살랑 살랑 부는 봄바람에
잠을 깨다

새싹의 밀어密語

태양을 보듬고 있는 영롱한 아침 이슬처럼
또르르 가슴으로 느껴져
손으로 잡아보고 싶은 사람아

새싹의 호기심으로
말없이 모습만 살짝 들어내곤
지렁이처럼 숨어버리는 구나

풀잎 움직이는 소리에도
개미는 화답하고
장구벌레도 맞장구치지만

너는 신음하는
저 바람의 소리를 들을 수 없느냐
피 눈물로 만들어진 영양 덩어리
뿌리의 노고와 삶의 애절한 통곡을 먹고

거대한 적들의 포화를 뚫으면서
찬 서리 폭풍우와 미생물의
포위망을 돌파하면서

태양을 향하여 밀어密語를 던지는구나

태양은 너를 보기 위해
서에서 동으로 돌아가고
너 하나의 사랑을 위해
거대한 몸짓을 움직이며
연료를 지핀다

이 땅에 무수한 생물이 존재하건만
태양의 숨결은 너를 붙들고
너는 가슴에 품은 사랑을 바치는 구나

새싹 하나의 밀어가 거대한 천체
태양을 돌게 할 줄

우주를 돌리는 힘
사랑이여

애모愛慕의 꽃

아무것도 볼 수 없던 칠흑 같은 캄캄함이
온 세상을 뒤덮었습니다만
당신을 본 순간
태양은 오늘 따라 더 찬란하게 빛나고
하루의 삶은 생기를 더해가는
화초처럼 윤기 나는
몸매로 다듬어집니다
모든 것이 밝고 환해졌어요

당신이 내 마음을 차지한 순간부터 일어난
격변
아름다운 세상
하늘의 향기로
내 심장을 채워버린 당신이라는 두 글자

당신이 숨 쉬고 살아있기에
세상의 모든 것이 화려하고
충일하게 보입니다

화려하게 마중 나온
밤하늘의 쏟아질 듯
보석처럼 박혀있는 별들이며

낭만의 불빛으로
당신과 나의 가슴을 비춰주는 달빛이며
온갖 화려함으로 치장한
산천의 꽃들

당신이 있기에 새롭게 보입니다

당신의 심장은
내 삶의 귀한 보석
거친 파도를 길들이는 등대 같은 당신
임은 나에게 생명의 고귀함을 일깨워 줍니다

나는 임의 향기에 흠뻑 취해
애모愛慕의 꽃으로 변해버린
내 사랑을 바칩니다
내 삶을 드립니다.

9자字의 괴력怪力

작은 미소가 좋아요
아름다운 입술의
사랑의 언어는
세상의 마술사

절망을 용기로
어두움을 찬란한 태양으로
슬픔과 비애를
한숨에 날려 보낼
9자字의 괴력

'당신만' 을 사랑합니다

가슴에 향기香氣

흐르는 물처럼
세상의 모든 것을 미소로 담고
시간의 문턱 사이를 오가며
당신의 향기를 그리워합니다.

바람 불 때면
조용한 아로마의 향기로
그대가 흘리고 간 사랑의 미소가
절망 가득한 눈에
힘찬 미래를 잉태합니다.

그대가 흘리고 간 시간
조용한 속삭임으로
내 심장을 노크 합니다

변치 않는 당신의 모습 그리지만
우주의 원리는 물극필반物極必反이라서
넘치게 채우지 말아요

약간은 서로가 모자라야
영원히 지속될 수 있어요
나의 향기香氣여
오래도록 가슴에 향기로 남아 있어요

잊힌 사랑

가을 깊은 밤 별빛도 외로워
단풍 잎 하나 둘 춤을 춘다
덩그런 달님도 외로워
밀어密語를 땅에 뿌리고
임을 찾고 있다

세월의 흔적을
정情속에 새겨놓고
시간의 부조浮彫 속에
사랑을 갈무리 하였다

가슴깊이 내리꽂은 그대의 말은
날카로운 비수되어 독화살처럼
심장에 상처를 내고

과거 속에 쌓여진
사랑의 흔적들을
한순간에 파도처럼
떠나가게 만들었다

추억도 이제는
저 하늘의 구름이 되어

폐포肺胞에 쌓인
고독을 휘날리게 만들어

이제는
너를 떠나버린 나이기에
잊으려 잊으려
몸부림치지만

상처 난 사랑의 파편破片 때문에
아직도
난 너의 체온 잊을 길 없어
이 시간도 너의 그림자를 만지고 있다.

태양을 거절한 사랑

아침 이슬처럼
풀잎에 젖어
그대로만 있다면

생명을 주는
태양의 열기에도 나는
괴로워해야만 한다

활화산처럼
사랑했던 생명의 분신이었기에
생명을 주는 태양의 열기마저
거절하고 있다

미칠 듯 터질 듯
보듬고 소유하는 사랑보다

있는 모습 그대로 간직하고파
태양의 온기溫氣마져 가리고 싶다.

갈망渴望

실뿌리 하나
아무도 보는 이 없다

땅속을 헤집고
요리저리 피하며
더듬이를 세우며
어두움을 몰아내고

사랑의 신음소리를 찾고 있다

운명運命

가슴이 떨려 오는 것은
들려오는 음악소리 때문만은 아니다.
가슴이 떨려 오는 것은
짭조름한 해풍에 밀려오는 파도소리
모래들의 흐느낌 때문도 아니다.

내 가슴이 떨려 오는 것은
그대를 향한
그리움에 지쳐 타는 몸부림으로
그대의 숨결을 의식하고 부터이다.

봄바람의 미풍도
여름의 하늬바람도
칠월에 불어오는 마파람도
내 가슴을 떨게 할 수 없지만
너의 영롱한 눈에서 흘러내리는 방울이슬과
가느다란 숨소리는
심장의 동방결절을 요동하게 한다.

도토리나무 고목에서 나온 가느다란 줄기에
매달려있는 이파리가
모진 광풍에도

떨어지지 않고 붙어있는 것은
격렬한 몸부림의 사랑의 에너지가
세포 속으로 교류하기 때문이다.

너의 살은
도토리나무의 영양소이다.
외로움이 없으면 사랑을 볼 수 없고
고통이 없으면 사랑을 만질 수 없다.
절망이 없다면 사랑을 모른다.

사랑은 외로움과 고통과 절망 속에서만
영글어지는 내단內丹이다.

고백告白

우주에 홀로 있고 싶다
백조선을 날카로운 면도로
복부근육을 나누어 쪼개고
내장을 작열灼熱하는 태양에
흩어 뿌려 내놓고
벌거벗은 몸으로
속살 은밀히
그것도 깊숙이 감추인
비밀을 온 천하에 보이고 싶다

홀로 있고 싶다

위선으로 치장한 굴레를 벗어던지고
문화와 도덕과 종교의 탈을 벗어던지고
회칠함으로 덮혀진 삶을 뒤로하고

사람으로 서고 싶다.

제 3부 사랑의 종자種子

사랑의 종자種子

돌아보고 또 돌아보고
남는 긴 여운
당신만을 그리는 마음이었음을
미풍에 속삭이는 바람결에
당신의 채취가 묻어나와
문득 꿈속에서처럼
그리움에 젖습니다

행여 떨어질까 봐
갓난아이 심정으로 엄마를 부르짖듯
나의 영혼이 당신만을 찾아 해맵니다

흰 눈 내리는 겨울 산장의 긴 밤
여름 해변 모래사장의 미니스커트 밤일지라도
당신이 보이지 않으면
내 마음 서글퍼집니다

마지막 잎새처럼
당신의 숨결을 듣고 싶은 열망이지만
광풍 같은 세파에 매몰찬 바람이 불 때면
마지막 잎새가 떨어질까 봐
애타는 조바심으로 밤을 지새웁니다

내 마음 심연 속에
사랑의 종자로 남아있는 임
임의 꿈이 나의 꿈이 되어
훨훨 창공을 나르는 새가 되었으면

그대는 나에게

소나무 그늘아래서
천년의 그리움으로 남아있는
그대는 나에게
화려한 봄을 약속하지 않았다

그저 멀리서
조용히 지켜보면서도
구름사이 비쳐오는 달님처럼
숨어서 보고만 있는,
그대는 나에게
유창한 사랑의 고백을 하지 않았다

말과 글보다는
마음으로 다가와 마음을 족쇄 채우고,
눈을 떳을 때는 보지 않는다

눈가를 맴돌게 하면서도
그리움의 홀씨만 주고 기다리는
그대는 나에게

봄날엔 향기가 되고
여름엔 무성한 잎이 되더니

가을엔 충실한 열매로 다가와
겨울엔 늘 옆에 있는 화로처럼
포근하게 내 마음의 한가운데 자리 잡은
그대는 나에게

영겁의 세월을 통하여
뭉친 그리움

이슬비가 오는 날이면

이슬비가 오는 날이면 그대가 그리워진다
타들어가는 모래사장 해변의
청석나무 하소연이 풀어지는 날이다

비가 오는 날이면 그리움이 움터
불멸의 사랑을 꿈꾸게 한다

바람 부는 날이면 그대가 보고 싶다
휘날리는 머리카락 사이로
절망을 삼켜서 바람결에 날려 보낸
과감한 용기여
인생의 확연한 좌표를 이해하면서도
몸부림으로 저항하며 걸어가는
그대가 대견하다

천명을 거역하면서
본능과 이성이라는 글자의 중간에서
사랑한다는 단어에 의해
빠져나갈 길도 찾지 않으면서 달려가는 그대

그대의 눈이 영롱한 빛을 발하고
그대의 눈빛이 폐부를 날카롭게 찌른다

눈빛의 끝은 어디를 향해하는가?
인간이다
숨 쉬는 인간이다

살아있기에 절망이다.

신은 인간에게
사랑을 강요하지 않으셨다
그 사랑이 인생을 망치게 하는 것을 알기에
신은 인간에게서 사랑을 거두어 영원히
당신 것을 삼으셨다

아! 나는 빼앗긴 사랑을 찾으려 한다
지극히 비정상적인 방법으로

그대라면

해변의 모래가 그대라면 좋겠다
날마다 보드라운 감촉으로 느끼고 싶어

태양이 잠자는 새벽이 그대라면 좋겠다
아무도 보는 이 없어 너와 나는
더 많은 사랑을 느낄 수 있어

스쳐가는 하늬바람이 그대라면 좋겠다
나의 마음 편지로 엮어 가슴으로 느낄 수 있게

그리움의 상처傷處

비가 오는 날이면
하늘에서 내리치는 빗방울의 혼魂 사이로
그대의 안광眼光이
별똥별처럼
그림을 그리며 심장 속으로
은밀히 파고 들어온다

너를 향한 그리움은
가슴에 솟구치는
뜨거운 눈물 되어
흘러가는 동맥혈에
열기熱氣를 섞어
세포엔 에너지를 주고

굳어진 마음속엔
파편破片으로 박혀
그리움의 상처를 각인刻印한다

천사의 미소微笑

때론 알아도 모르는 척하고
넘어가는 것 입니다
즐기며 산다는 것은
확실한 계산보다는 때론
어수룩하게 보이며 사는 것입니다

즐기며 산다는 것은
자신의 운명을
사랑할 때 가능합니다
때론 저돌적인 힘이 요구 됩니다

'오래 참음'
그 터 위에 기초공사를 해야 합니다
과정은 힘들 수 있지만
자신의 마음을 들여다보며
그 움직임을 주시하고 통어할 수 있어야 합니다

전에 보지 못한
흥미로운 일입니다
그 열매는 즐거움이 오는 것입니다
세상을 즐겁게 살기 위해서는
마음을 들여다보는 지혜가 필요합니다

과감한 태클로
거칠은 자신의 마음을 제어하고
기다리는 힘을 길러본다면
상대보다 약간은 더 참고 나아간다면
그것은 내 운명을 네가 사랑하기 때문입니다

즐기기 위해서는
약간 어수룩한 것도 삶의 지혜가 아닐까요

일생을 같이한 부부에게는
손자병법으로 이겨야 할 이유가 없습니다
지는 것이 이길 때가 있습니다

때론 ! 져주는 지혜를 소유할 때
부드러운 삶이 향기롭다는 것을 알게 됩니다

소용돌이치는 삶의 한복판엔
내 방법으로 살아가려는 자만自慢이 있어요
살짝 그걸 내려놓고, 마음을 들여다보면
고요한 마음이 기다리고 있어요
그땐 당신의 얼굴엔
천사의 미소가 피어나겠지요

뿌리

한 점으로 부터
흙과 모래
바위 틈
작은 조약돌들과 부엽토 사이를 헤치며

지구의 내면을 새로운 인테리어로
가꾸어 세상을 포용하고
한 점의 작은 힘으로 세상을 개조하는
너는 사랑의 테크놀로지

탐험探險

내 살
아무도 그 속살을 탐험하지 않았다
미지의 세계를

어두컴컴한 동굴
블랙홀 같은 내 심연深淵의 속살

야릇한 향기는 만물을 새롭게 하고
호기심에 젖은 눈망울은 만물을 관조觀照한다

그대의 치마폭이 흔들리는 소리는 아니지만
바람 불 때 마다 환상에 젖어
그리움에 지친 호기심을 담아
가슴으로만 조용히 그대를 불러 보는데,

태양이 저리도 미소 짓는 것은
부드러운 햇살로 토양의 속살을 탐험探險하기 위해
서이다.

흔들리는 마음

사랑한다는 말을 듣는 순간부터 흔들린다

바람이 불고 있다
제비꽃 이파리가 흔들린다
호수의 안개가
고요히 피었다가 흩어지면서 흔들린다

지구가 흔들린다
사모하고 그리워한다는 말 때문에

나를 움직이는 전파
당신만을 사모하고 그리워한다는 말을
듣는 순간부터

우주까지 흔들린다

한 마디 말

내가 당신을
그리워하지 않는 것은
나를 고문하는 것입니다.

내가 당신을
부러 잊으려 한다는 것은
당신의 체취를 내 몸과 마음이
더 그리워 한다는 신호입니다.

당신이 그리워질수록
요동치는 가슴엔
분노가 짙어집니다.

사랑했던 사람이여
감추어진 허울을 벗어던지고
나도 그대 없인 살수 없다고,

한마디 말로,
천하제일의 명약을 줄 수 없나요?

이상한 글자

당신에게는 하나의 문이 있습니다
그 문을 열고 들어가야 당신을 만날 수 있어요
이 문은 아무나 들어갈 수 없어요
열쇠가 없이 열어지는 특별한 문입니다

손가락으로 터치도 필요 없습니다
말도 하지 않아도 됩니다
그 문을 열고 들어가면
황금으로 된 도성이 있습니다

아무리 많이 써도 줄어들지 않는
황금이 있습니다
그 황금은 세상을 이롭게 하고
우주를 평화롭게 하는 이상한 황금입니다

이 문에 들어가서
세상을 보면
온통 세상은 꽃피는 것으로 보입니다

이 황금은 쓰면 쓸수록 증가하는 성질을 가지고 있
습니다

세상의 돈은 사용할수록 줄어들지만
이 문을 통과해서 얻은 황금은 줄수록 늘어나는 특
수한 보배입니다

이 황금
사랑이란 두 글자입니다

양심의 소리

이파리 하나
서러워 떨어지기를 거부한다
남들은 가야할 길이 있다고
간밤 무서리에 지친 듯 가버렸다

외로이 흐느끼는 고독 속에
내면의 소리를 듣는다

장엄한 인생
속삭이는 오장육부의 세포들
나의 언어는
세포들의 언어

얼마나 많은 시간들을
외물外物에 빼앗겨
진정 사랑해야할 대상을 버렸던가

외로움은 결코 외로운 것이 아니다
진정한 나를 찾는 진주 같은 시간이다

이파리 하나 떨어지기를 거부하는 것은
종속從屬된 삶을 거부하는 혁명革命이다
자신을 찾아가는
구도求道의 흐느낌이다

가치 없는 날

너의 호흡소리가
귓전을 때리지 않는다면
너의 눈망울이
내 눈가에 서려지지 않는다면
너의 입술에서 흘러나오는
애모의 언어가
내 가슴 속으로 파고 들어오지 않는다면
그날은 가치 없는 날이다

너에게 나는

나의 마음 아플 때
가장 필요한 위로의 말을
고독이 밀물처럼 밀려올 때
따스한 입김으로 촉촉이 다가온 너는

괴로운 심신으로 잠 못 이루는
긴 밤 보낼 때
아름다운 사연 보내
추억을 벗 삼고 즐기며 살라고
살며시 감추어둔 속마음으로 다가온 너는

마음을 잃어버리고 초조해져서
세상의 아름다움을 보지 못할 때
청초한 연꽃의 미소를 보내는 너는

기쁨에 넘쳐
온 마음 들떠
세상 모든 것이 나를 위해 존재한 듯한
착각에 빠질 때
그 옆에 나팔꽃처럼 같이 기뻐하는 너는

나는 너를 통해
나의 삶을 본다
바다는 푸르고
하늘엔 별과 구름이 떠다니고
산에서는 나무와 돌들의 사연 간직한
물이 흐르고

너와 나의 마음엔
사랑이 떠다니고 있음을
너와 나는 이렇게
사랑으로 하나

마음의 풍경화

당신과 함께 할 땐 풍경화가 됩니다
예쁜 꽃과 벌
때론 강물과 바다
파도치는 해변과 달빛 교교히 비치는
고요한 밤처럼

당신과 함께 할 땐
하루 종일 기도가 됩니다
맑은 마음 일어나는 시간들입니다

거친 물길 일어나는 소용돌이도
당신과 함께하면
고요한 호수처럼 변합니다

찬란한 보석으로 치장한
황홀한 옷이 아니어도
당신의 맑은 눈동자와
사랑의 밀어는
내 마음의 가장 귀한 치장입니다

당신의 사랑한다는 고백은
세상을 빛나게 하는 태양과 같은 것입니다

제 4부 무심無心의 바다

무심無心의 바다

뱃머리로 불어오는
개펄의 흔적을 코끝은
안테나처럼 빨아들인다

가을 수줍은 단풍처럼
가슴으로 나타내야 하는 그리움
갯지렁이 같은 일필휘지一筆揮之의
서도가書道家는 아닐지라도
사랑의 시를 쓰던 그날

무심無心의 바다에서
생명을 훔치고 있다.

마음

백년 푸른 소나무는
달빛에 춤을 추고
천년 노송은 달그림자로 어두워진다.

밝은 태양도 구름이 가리우면
빛을 볼 수 없고
우주의 비밀도
마음에 그늘이 지면 보지 못한다.

민들레 이파리 위에 곡예 하듯
서 있는 이슬방울아
너는 어디서 마술 같은 곡예를 배웠느냐

영롱한 너의 자태
구름 사이 살며시 태양이 비칠 때면
흔적 없이 사라져버릴 너이지만

있는 그날까지
존재로서 세상의 그림을 그리고 싶구나.
깊은 골짜기보다
더 현묘玄妙하고 깊은 건 너의 마음.

세균細菌

세상은 실험실
심안心眼의 현미경으로
사상思想의 세균들을 보고 있다

역사의 움직임을 주도主導하는 세균들
정반합正反合
음양陰陽
음이온 양이온
선善과 악惡

존재 규명의 바이러스
다신교多神教와 일신교一神教
범신론汎神論과 고등철학高等哲學
창조론創造論 불가지론不可知論
무신론無神論 유신론有神論

대뇌大腦와 뇌하수체腦下垂體
해탈解脫과 소유所有
선점先占 우위優位 투쟁사

돈오돈수頓悟頓修
돈오점수頓悟漸修

의신득구義信得求
의행득구義行得求
정혜쌍수定慧雙修
성명쌍수性命雙修
주천공법周天功法이여

행동의 자유 향한
오도悟道의 해탈解脫
성화聖化의 도道
의념성태意念成胎이니

믿음은 지식에 선재先在하나
지식 없는 믿음 관심법觀心法이로세
실험은 도처에서 계속되고
나는 어느 덧 시험관에 선정된
먹거리가 되었다

낭비浪費

너를 보지 않는 하루는
커다란 낭비다

너를 본 하루는
향유를 발에 부어
머리털로 씻는 진짜 낭비다

낭비를 멋지게 해야 돼
멋진 낭비
그것은 사랑의 저축이다

딱 한사람 · 1

딱 한 사람
서울역에 내려 수많은 집들을 본다
명동거리에서 종로5가 까지
무수한 군중들
서로 부대끼며
외로움 없어 보이지만
딱 한사람 없으면 외로워진다

미국 LA, 일본 동경, 인파人波의 광장에도
그 딱 한사람이 없으면 쓸쓸함을 느낀다

지구촌 60억 사람은 많지만
그 딱 한사람 없으면 아무도 없다
그 딱 한사람

바로 내 옆에 선 당신

딱 한 사람 · 2

가야지요
어디론가 가야지요
만약에 그 딱 한 사람이 없다면
필생의 목표를 두고
사냥개가 먹이를 찾아 냄새 맡듯이
그 딱 한 사람을 만나기 위해
가야지요

잔해殘骸

저물 때 해질 녘
붉은 노을의 화려함처럼
화려하게 피었다가
시들어 떨어지는 꽃잎도 아름답다

청초한 모습으로
하何세월 피어 있다면
열매 없는 쭉정이가 되리라

싱싱하고 화려한 것도
아름답지만
꽃잎이 처져 바래지고 풀어져
낙화落花된다고 슬퍼할 이유가 없다

늦가을 찬 서리 칼날처럼 내리칠 때
빨간 단풍이 더 화려해진 것처럼

주름진 얼굴
시들어진 피부일지라도
충일한 삶의
역동성이 거기 있음에

시들어 떨어지는 꽃잎도 아름다운 것이요

갈구渴求 하는 소리들

우주는 소리다
동토凍土의 땅에서
인고의 세월을 보냈던 새싹이
땅을 가르고 나올 때의 웅장한 소리

대양의 넘실거리는 물길소리
번개를 동반한 벽력같은 천둥소리
살랑대는 나뭇잎과 열애하는 미풍소리

실개미 뙤약볕에서 일하는 소리
지렁이 기어가는 소리
아메바의 생존을 위한 투쟁의 소리

너와 나의 삶의 소리
우주의 모든 소리는
사랑을 갈구하는 소리들

통증痛症

우주의 모든 통증은
소통의 부재
사랑한다는 말을 듣지 못한
세포들의 아우성

겨울 노래

흰 꽃으로 천지를 도배한 예술
앙상한 나뭇가지는 순결의 표상
남아있는 이파리는
의지의 형상으로 남아
질문을 던진다

버렸다고 추해졌던가
벌거벗겨 졌다고
비참한 것인가

나의 왕은
자신의 치장을 버린 나무를 순식간에
최상의 옷을 입혀
경탄을 자아내게 한다

버릴 때 새로워진다면
의義를 위하여
생명을 버릴 각오로 산다면

세상은 날마다
새로워지리라

사랑의 물결 속에 허우적거려
자신을 잊으리라
죽음마저도 피해 가리라

버린다는 것이
무엇인지
벌거벗은 나무는 가르쳐 준다

벗을 때 은총을 받는다고
겨울노래는 벌거벗는 노래이다

바람이고 싶다

어느 날 바람이고 싶다

천하를 주유하며
보고 싶은 사람보고
말하고 싶은 사람과 말하고
좋은 말을 마음대로 들을 수 있는
장소와 시간에 구애받지 않는 바람이고 싶다

나를 기다리는 사람이 있을 때
고요히 다가가서 화기로운 기운을
살짝 주고 가고 싶다
오랜 세월 넉넉한 그리움으로
기다린 사람에게
향기를 뿌려주고 싶은 바람이고 싶다

그 사람의 희망이
나의 희망과 섞여지게 하는
바람이고 싶다

하늘의 바람과 하나 되어
하늘과 하나 되는 바람이고 싶다.

피를 짜낸 정情

사랑을 잃어버린 인생은
죽음보다 더 무서운 것
세포 속에 숨어있는 사랑을 찾아
발아시켜라

일그러진 자존심의 거친 그릇을 버리고
가슴 아픈 추억으로 영양제를 만들고
피를 짜낸 눈물의 즙을 가지고
진실함으로 만들어진
정갈한 수심守心으로
그대만이 내 생명이라고 고백告白하리라

옥토沃土

팔월의 모기 한 마리
산에서 울고 있다
단백질이 부족하다
빨리 피를 빨아 저장해야
새끼들을 키울 수 있다

그의 날카로운 자궁子宮을
땀 냄새나는 내 살에 바짝 대고
한눈 판 사이 찔러 된다

살기위한 몸부림
자손을 살리기 위한 혼신渾身의 노력

늦여름
내 살은 모기의 기름진 옥토가 되었다

난 가리라

당신 홀로 기다리는 사랑의 나라

절망을 송두리째 부둥켜 안고
좌절과 비통은 용기의 지게위에 얹고
가슴 아픈 사람 만나기 위해
사랑의 입술을 가지고 나는 가리라

최후를 웃음으로 장식하는
인테리어를 하기위해
애간장 녹았던 한 방울의 눈물을
병속에 넣고
이야기꽃을 피우러 난 가리라

허전함이 무성하게 뿌리내려
방안 가득 널려 있을 그때에
난 너의 가슴을 충일하게 채우기 위해
사랑의 입술을 가지고 난 가리라

희망의 꽃을 어깨에 메고
소망의 향기를 가슴에 뿌리고
사랑의 입술을 가지고 난 가리라
하얀 눈이 내리는 은총의 그날

새벽 일기 · 1

이 새벽에 이슬방울 같은 눈빛으로
당신을 부릅니다
지난밤 오늘 새벽까지
선잠으로 지냈어요

어제 하루만이 아니요
당신이 가신 후부터 줄 곳
내 곁에 늘 있어야 할 분신
내 뼈요 살
당신입니다

새벽 일기 · 2

사랑을 고백한다는 것은
지친 삶속에서 생기 찬 에너지를 먹는 것
당신을 보면
힘찬 에너지가 약동 합니다

사랑의 고백은 삶의 희망을 주는 것
절실하게 가슴 깊이 몸부림치는 언어
굴레에 묶여 지금껏 살아왔습니다

새벽 일기 · 3

여보 나무들이 옷을 벗었습니다
무서리도 오기 전에 발가벗은 나무
그 향기 나는 몸매들을
자랑이라도 하려는 듯
잔가지마저 보이면서
속옷까지 벗었네요

달님이 잎이 가려 보이지 않더니만
상수리나무 사이로 새벽 달님이 보입니다

그물처럼 얽힌 세상 속에서
당신을 보지 못할 때가 있지만
여보, 잔가지 사이로 낙엽을 떨쳐 버리니
당신이 하냥 보입니다

기도 · 1

지금도 바람은 분다
뼈 속을 찌르는 차다 찬 기운이
심장을 파고든다
피할 수도 없고 피해서도 안 된다

고난
절망
고통의 바람
그 앞에 발가벗은 몸으로 서다

기도 · 2

실패 앞에서
두려움 없이 꿋꿋하게 버틸 때
언젠가는 실패를 극복할 수 있다

좌절의 황량한 들판에서
고민하고 있는가
절망의 늪 속으로 빠져라

가랑잎 같은 배를 타고
폭풍우 휘몰아치는
대양에서 사투하고 있는가

배를 버려라

오직
회개의 심장으로
흘러 들어가는 물줄기에 맡기고
힘을 빼라

기도 · 3

강자의 큰 고통은
때론
고독하다는 것
긴장을 늦출 수 없다

죄는 변화구가 무쌍하다
눈을 크게 뜨고
바라볼 틈도 없이
시시각각으로 변하고
강해진다

바늘귀 같은
방심의 순간이 되면
조직세포는 혼란에 빠지고
그 틈새를 예리하게 파고 들어온다

추월하는 것은 쉽지 않으나
추월당하는 것 순간이다

상대를 이기려면
언제나 깨어 있어야 한다

기도 · 4

요한복음 14:14에서는
내 이름으로
무엇이든지 내게 구하면
내가 시행하리라고 말씀하신다

마지막 순간 까지
포기하지 않는 정신과
자신의 길을 충실히 지키는 힘은
기도에서 나온다

세상의 많은 의혹과 오해
수많은 의심의 논리를 간단하게
제압할 수 있는 힘과
자신을 향해 불어온
불신의 바람을 방어하는
철벽같은 요새도 기도에서 나온다

고통스럽지만 자신의 길을
걸어갈 수 있는 용기
인생의 전투에서 아름다움을
완성해가는 진정한 희망도
기도에서 나온다.

제 5부 계백을 그리며

계백을 그리며

하늘과 땅 포효咆哮하는
황산벌
5000 결사대決死隊
운명으로 버티고 있다.
백제의 혼魂으로

까마득한 고향
아내, 아들들
칼날 이슬로 보내고
붉은 선혈鮮血 뚜욱~뚝 떨어지는
서릿발 같은 칼날 위에 서서
피 묻은 전장戰場터
한 송이 산도화山桃花 되련다

말발굽 소리,
넋(魂)을 찌르는 매서운 함성소리
벼랑 끝에 매달린 조국 660년 운명
화염火焰 보듬고
등대지기로
파수하고 있다.

피어나는 새싹들

조련하듯 퍼붓는
매몰찬 폭풍우에도
새 세상 알리는
떡잎 기지개 켜고 있건만
황산벌 낮과 밤
중환자 통증처럼 길었다.

이젠
하늘증언
황혼 노을마저
갑옷 속에 넣고
전흔戰痕 숨어 버린
논과 밭에서
민족혼民族魂 비추는 별 되어
백성들 신음呻吟소리 알리고 싶다.

귀주대첩龜州大捷 잔상殘想

1019년 2월 2일

세기의 공포恐怖 기마군단騎馬軍團
계단호음인혈契丹好飮人血
바람처럼 칼은 빛나고
비처럼 화살은 창공을 갈랐다
그들이 오면 말이 울지 않았고
밤에도 창이 빛을 발했다

물러 설 수도 물러 날 수도 없는 한판 승부勝負

동북아東北亞 운명을 바꾼
강감찬 장군의 묘수妙手
겨울에 불어오는 건 북풍이지만
그날따라 묘수妙手를 두었다네
초속 20m의 남풍과 돌풍 그리고 비

귀주들판은
거란군의
피와 살점으로 옷 입고,

최정예 10만대군 기마군단

고려 앞에 무릎 꿇고,
27년 고高거(契) 대전쟁 끝을 맺었도다

고구려가 망하고 300년이 지나서야
압록강이 돌아왔으니
장군의 묘책妙策은 역사의 별이 되고
민족의 양식이 되었소이다.

부원수 강민첨姜民瞻
병마판관 김종현
용맹한 고려군사

그대들의 투혼鬪魂은
길이 길이 역사 속에
빛나는 별이 되오
향기 나는 솔 향이요

남도석성

정갈한 돌들
서남해 광풍狂風 막고, 조개 숨소리 들으며
역사의 증인으로 남아, 민족 앞에
하얀 몸 드러낸다.

금빛바다 바람결 따라오는 짭조름한 냄새
거친 파도숨결 가슴으로 품어
한 송이 꽃, 피워낸 남도석성.

고아한 자태는
꿈꾸는 객客들의 흠모의 대상
민족혼으로 뭉쳐진 기개氣槪는
적군의 심장 서늘케 하였다.

너는 자주와 독립 외치고
의분과 강개慷慨로 뭉쳐진 용사들 숨겨주며
배불리 먹이고 힘을 실어 주었던
우리들 어머니.
왜구의 침탈, 몽고의 약탈 속에서
진도를 지키고, 민족과 아픔을 같이했던
너의 아름다움

흘러가는 세월의 분수령에 서 있는
오늘.
역사의 증언대 위에서 묵묵히 증언한다.

세상의 역사가들이 정론필치 못할 때
무언의 몸짓으로, 변함없는
역사의 실체로 남아
항쟁의 그날들, 심중에 간직하여
마음으로 마음에 전하도다.

힘!
힘없으면, 노예가 된다오
힘을 기르시오.

남도석성의 속삭임이외다.
남도석성의 외침이외다.

배중손[1] 장군을 추모追慕하며

칼로 베인 상처에 흘러나오는 피
무더운 여름 비릿하게 코끝을 자극하더니
실연기처럼 폐포로 잠입한다.
미친 들개처럼,
날카로운 이빨 들어내, 짖어대는 몽골 오랑캐
겹겹으로 둘러싸고 할퀸다.

칼날이 톱니가 될 때까지 싸웠던
남도석성의 혈전血戰
고려 피 냄새가 돌 틈에서
흘러내려 물길에 섞인다.

고려의 혼魂을 추모追慕하여
굴포의 해변은 검붉은 물빛으로
어두웠던 그 날을 반추하고 있다.
먹잇감 노리는 성난 늑대들의 돌진에
등잔불처럼 흔들리지만

---

1) 미상~1271년(원종 12). 고려 원종 때의 장군. 서반의 장군인 동시에 가장 유력한 삼별초의 지휘관이었던 까닭에 항쟁이 계속되는 동안 수령으로 추대된 인물이다. 배중손이 역사에 뚜렷이 부각되는 것은 삼별초의 대몽항전 이후부터이다. 배중손의 출생에 대해서는 진도에서는 임회(현재 남도포가 있는 면) 출신인 것으로 구전되고 있다. 반면 강화도에서는 배중손이 강화도 길상면 출신인 것으로 구전되고 있다. 배중손은 1271년 진도군 임회면 남동리에 있는 남도석성 전투 때 전사한 것으로 추정된다.

남도 포구 외로운 석성에서
한 놈이라도 더 베어 죽이고
최후를 맞기로 작정했구나.

외세의 강압에 굴복한 황권의 나약함을
단칼에 베어버리고 강도江都에서 진도珍島
천리 길 해로海路 따라 역사의 부흥 외쳤지만
시운時運 따르지 않고, 힘 다하여 목 베어졌다.

파도소리, 벼 잎새소리 들려오는 굴포[2]의
들판에서 소나무 한그루만 시립케 하고
사당 안에 장군은
부활의 푸른 잠을 자고 있다.

민족자주 절처봉생絶處逢生의
고려 무인 배중손 장군
새파란 잎새 되어 8월 창공에
대성일갈大聲一喝이다

힘없는 나라는 살았으나 죽었으니
쇠뭉치처럼 단결하여 힘을 기르시오.
힘을 기르시오.

---

2) 진도군 임회면에 있는 마을.

일어나거라! 용장산성[3)]

호젓한 골짜기, 숨소리마저 고요하다.
녹음 짙은 적막, 이끼 낀 계곡의 물
흐느끼며 흐른다.

피 비린내 진동하던 격동의 시대
동아시아 강국 꿈꾸었던
고려의 자주정신
산성의 주춧돌만이 지난날을 알려 준다.

1000여 척의 배를 타고
피 토吐하고 죽을지언정
외세의 노예 될 수 없다고,
함께 뭉친 병사들과 백성들
보배로운 섬 진도에서 웅지를 틀고
천하의 대세를 도모코자
용장산성龍藏山城 쌓았다.

사방은 바다요

---

3) 전라남도 진도군 군내면 용장리에 있는 고려 시대의 산성. 사적 제126호. 축성연대는 1270년(원종11) 6월 이후이며 몽고 침입시 이에 대항하여 진도로 옮긴 배중손(裵仲孫)이 이끄는 삼별초(三別抄)의 대몽항쟁의 근거지였다.

산으로 둘러싸인 천혜의 요새.
승화후 온溫 황제로 등극하여
고려의 혼魂 펼치며 몽고와 싸웠건만
힘 다하여 산화되었다.

용맹했던 무공武功,
화려했던 궁궐,
자주에 빛나던 역사
다, 불타버리고, 짓밟히고,
잿더미 속에서 돌이 되었다.

흘러가는 역사의 좌표위에
치열했던, 여몽항쟁麗蒙抗爭,
상처 난 가슴에 숨기고
흔적으로만 남아있는 너.

부활의 날 고대하며,
붉은 가슴으로 인고忍苦의 세월
보내고 있구나.

용장산성이여 !

숨을 쉬거라.
일어 나거라.
빛을 발하거라.

천하에 용장산성 있음을
세상에 알리거라.

역사의 선능善能한 자 있어
너를 복원시킬 때,
찬란했던 위용과 힘찬 기개
성의 축조와 함께, 화려한 날개를 펴리라.

자주의 영광도 있으리라.

진주성 혈전血戰

1592년 10월 5일부터 10일
소름끼치는 살기殺氣가 오른다
하늘과 땅에 스며오는 비릿한 내음
왜군의 발짜욱 소리는 피(血) 비.

백년전쟁 공성전에 이골이 난 왜군
연꽃 같은 진주성을 에워싸던 날
검붉은 먹구름은 하늘을 쪼개어 매질할 때,
조선의 옥토는 용암처럼 피를 토한다.

수술대에 놓여진 헤집어 놓은 하복부처럼
유린당하는 살들
조선 남도의 콩팥
천년 요새 진주성
뭍(陸)에 올려진 물고기처럼 할딱거린다.

천년의 비밀을 소녀처럼 간직한 남강南江은
남쪽으로 흐르고 흐르고
깎아지른 절벽은 철벽의 요새로
서쪽을 장정壯丁처럼 지킨다.

적군을 무찔러 이 강토를 지킬 수만 있다면

어머니 아버지 자식들을 보호할 수 만 있다면
이 한 몸 초개草芥처럼 던지리라.

땅도 울고, 돌멩이도 울고
우물물도 울고
피리소리도 울면서 피눈물로 지킨 성이여!

팔도가 바람 부는 대로 무너질 때에
죽을 땅에 빠진 뒤에 살 계책이 생긴다는데,
푸른대(青竹) 같은 남아男兒
조선영웅 김시민장군 있었도다.

혈전血戰 중 유탄 맞아 상처 깊어 갔지만
백성근심 나라근심
비밀로 하여 39세의 한창나이 10월 18일
고통苦痛중에 피 흘리며
'나 죽었다고 말하지 마오'
마지막 유언하고
서거逝去하였구나.

생사가 하나였던 치열했던 6일 전투
붉은 피는 강을 이루었지만,

끝내 왜놈들 물리쳤구나.

판관判官 성수경成守慶,
곤양군수 이광악李光岳
남녀노소 성민城民들

당신들의 투혼은
오늘의 귀감龜鑑이요
눈물의 산 역사이외다.
당신들의 피눈물의 피리소리 피리소리
오늘을 있게 했소이다.

칠천량漆川梁 해전애가海戰哀歌

1597년 7월 7일 선조 30년,
조선 주력함선 300여 척,
일본 수군 함선 1000여 척,
전략戰略없는 우장愚將의 전투는,
참패慘敗의 서곡序曲.

가슴이 찢어지고 뼈가 녹은,
조선 수군 2만여 명 궤멸潰滅,
원균의 묘는 시신 없는‘초혼장招魂葬’이 되고,

전라우수사 이억기李億祺, 충청수사 최호崔湖,
이(齒) 악물고 싸웠으나,
전세戰勢 기울어졌음을 한탄恨歎하고,
피로 물들인 통곡痛哭의 바다에
뛰어들고 말았으니,

하늘은 차마 눈을 떠서 보지 못하고,
바다는 뼈 깍는 소리로 굉음轟音을 낸다.
참으로 분하고 원통하다.

판옥선 150척,
협선 150여 척,

300여척 전선戰船, 수몰水沒되고,

우리 님 이순신이 5년 동안 지켜온,
남해 제해권,
도적들 수중手中으로 넘어가고 말았으니,

오호 통재라! 칠천량해전,
조선 수군 무덤이 된 저 푸른 바다
파도소리 들을 때 마다
상처 난 피부를 가시로 찌르는 고통苦痛,
바다의 날강도들의 참상慘狀을 바라보기만 했던
무정無情한 저 하늘
푸른 침묵이 원망스럽다

조선을 이끌었던 조정朝廷,
당파에 휘말린 정쟁政爭,
과거의 역사歷史를 교훈 받지 못한,
무능한 대신들을 역사 앞에 고발告發한다.
선조宣祖를 고발告發한다.

남원성 전투애가戰鬪哀歌

1597년 8월 16일

피 흘리는 달빛,
대낮과 같은 보름달은
왜군들의 선발대인가?
업보인가? 남원의 숙명이던가?

슬픈 보름달이 피어나는 운명의 밤
5만 6천의 정예 왜군, 굶주린 사냥개,
피 묻은 날카로운 송곳니 들어내고
핏방울 뚜욱 뚝 떨치며 빙빙 싸고돈다.

4천여 명의 조명연합군朝明聯合軍과 백성들
혼신渾身의 힘으로 막아도
둑 터진 해일海溢처럼 밀려오는 왜군
슬픈 보름달은 절망으로 남원을 비추는 도다.

전라병사 이복남, 방어사 오응정.
조방장 김경로, 구례현감 이원춘.

힘 다하였으나 전세戰勢 기울자
두 눈 부릅뜨고

건초더미 위에 올라 불을 붙이는 구나.
맹렬한 불길, 화염의 노기怒氣
군사들과 성민들 대성통곡
무기, 무기 집어 들고 적진으로 뛰어들었도다.

죽음으로 의義를 행한 피로 쓴 역사
남원성 전투여!
만인의총萬人義塚이여!

붉은 저녁노을 피어날 때
민가에서 펴져 나오는 피의 연기
오곡과 재보가 연기 속에 흩어진다.

들, 산, 성곽 한탄 섞인 잿더미가 되고
쇠사슬로 엮어 대롱으로 묶여진 조선의 임들을
너희들은 죄 없이 칼로 치고, 내려찍고

조선의 아이들 토끼처럼 몰이하여 잡고
부모는 아들을 부르고 아들은 어버이를 찾는데
아아, 불쌍하구나.
눈을 떠서 차마보지 못하겠구나

살점 뒤트는 통한痛恨의 아우성,
탱자가시로 눈을 비벼대는
참혹한 칼바람 비명들
밤마다 꿈에서도 들려오고 있다.
뼈마디에 숨어 있는 통곡痛哭의 역사
슬픈 보름달의 역사여

울돌목 잔상殘想

조선朝鮮과 왜倭
증오의 파도가
갈가마귀처럼 울부짖는다.

숨어있는 미움
격렬한 몸부림
탐욕의 고통 속에
피 흘리고 통곡하는 생명들
비극 어디서 와서 어디로 가는가?

133:12척
피 싸움
살기殺氣 물속에 번뜩거리고
작은 섬들 신음呻吟하고 있다.
휘청거리는 벽파진碧波津과 우수영
칠흑 같은 절망의 모퉁이
하늘에 빌고
운명運命 맡기다.

조상들 삶 엮었던 바다길
피눈물가락 초혼가招魂歌 부른다.
파도를 쪼개고

세상 매질하고 역사歷史 흔들어 심판하려는가?
폭풍우처럼 휘몰아쳐 오는 왜倭 군선軍船들
도척盜蹠같이 왔지만
조선朝鮮 자존심으로 버티는구나

무엇 때문에 이 고통당해야 하나
역사의 화폭畵幅 위에
노적봉의 장탄식, 서남해를 메아리친다

천지를 쪼개는 총통의 굉음
파도에 휩쓸려 아우성치는 절망의 소리
백성들 뼈 깍는 소리
조선朝鮮 붉은 침묵으로 누워있다.

왜놈의 탐욕이 불타오른다
작은 몸뚱이 긴 칼 휘두르고
고향을 뺏고
고운 바다 상처 내고
피 빛으로 슬픔 뿌릴 때

울돌목[4]의 휘돌이 물결

---

4) 울돌목: 전남 진도와 해남 화원사이 해협 가장 좁은 곳 폭300m.

구루시마來島通總[5] 삼키고 거슬러 흐른다

한숨의 긴 터널 폭풍우 이겨낸
명량 대해전大海戰

역사의 숨소리
오늘도
심장을 격발 시킨다.

수심19m. 조류11.5노트. 왜군을 격멸한 명량 대첩지.

5) 구루시마: 명량 해전(海戰)때 죽은 왜군 수군장군

조선무인 남이흥

서북풍 뼈 속 후려 파는
1627년 1월 27일 정묘호란
초목草木 숨죽이고
피 맞을 준비하고 있다

해일처럼 갔다가 다시 돌아오는 적들
기마대, 운제, 화살, 대포, 굉음, 단말마

조선 대문 안주安州
독사毒蛇 후금군後金軍
찰거머리처럼 성벽 기어오르다

차라리 눈 후벼 파지고 목 비틀어져
피 토吐하고 신경 끊길지라도
무릎 꿇어 종 될 수 없도다

남이홍 그대
화약 포대 휘감고
영원한 꽃 되었구나

남아 일생
조국과 운명 같이한

흰 눈 속에 핀 한송이 매화
깊은 숲속 난초
향기 아름답구나
장부 기백이여

조선무인 최후
아민[6] 마저 감동하건만
날 강도 침략자들 영령 조문弔問 무슨 소용?

오호라!
역사의 산 교훈 피눈물로 배웠으면,
힘없는 백성들 갈팡질팡하지 말게
동서남북 당 만들고 내 출세만 생각 말고

뼈다귀만 남은 역사라도
민족혼 있었으니
조선의 정치가들아
실패의 교훈에서 잠을 깨면 어떨까?

---

6) 청태종의 이름.

쌍령雙嶺 전투애가戰鬪哀歌

1637년 1월 2일
쌍령雙嶺은 차디 찬 냉기冷氣로
고요 속에 살얼음을 품고 있다.

조선군과 청군의 전투
청의 400명 팔기병들은 귀신들의 집단인가

땅은 용암이 용트림하면서 나오는 불바다
피의 열기가 사막의 열기熱氣처럼 솟구치고
하늘에서 내려오는 화살은 별 빛처럼
쏟아져 연약한 하얀 옷에 박혀 피를 뿜어낸다.
피의 불이 우박처럼 쏟아지고 있다

화약 염초 향기는
조선군의 염殮을 위한 향香불인가
산들은 차마보지 못하고 울고 만 있다
경상 좌병사 허완許完, 우병사 민영閔栐,
4만의 조선군

혼란한 육박전肉薄戰은 조선군 끼리 끼리
넘어지고 자빠지고 시루떡처럼 쌓이는데
근육과 인대와 뼈

팔과 손과 허리, 물어뜯고, 차고, 나자빠지고,
짓밟고 딩구는 아수라장의 지옥이
우장愚將과 오합지졸이烏合之卒 있는 여기다.

가슴과 팔뚝에서 식지 않는 아직 더운 피는
분수처럼 솟구치고
개나리 냄새보다 더 몽롱한 피(血)의 잔향殘香은
벌써 고향을 그리워하고 있다

넋(魂)이 떠나버린 황량荒凉한 얼굴들
목에서 숨소리는 꺼져가고 있다
별 빛 따라 우주에 퍼지는 조선의 피 눈물
피로 뒤범벅된 얼굴엔 어두운 공포만이 있다
따뜻한 체온 간데없고, 칼과 말발굽 사이에서
목숨은 외로운 사투死鬪를 지속하지만
생명의 조건은 고독孤獨하기만 하다.

이 죽음의 이유를 말하라
이 처참한 눈물을 증언하라
백성들의 피 눈물을 닦아줄
지도자들의 탄생을 위하여

백골白骨이 웃는 그날 까지

애곡哀哭

독도는 외로운 돛단배 삼각파도에 사투하며
동해에서 안용복 장군을 목 놓아 부르고
간도는 삭풍 휘몰아치는 만주에서 이중하를
부르며 피를 토한다

내 목을 자를지언정
한 치의 땅도 내 놓을 수 없다
목숨 걸고 지켜낸 간도 독도
동북공정 우익침탈로 빼앗기는가?

송충이를 눈에 넣어도
눈을 부릅뜬 조선의 정신은 어디서 방황하느뇨

힘이 약한 나라는 자기 땅마저 빼앗기는가?
북떼 남왜 시시각각으로
경동맥頸動脈을 누르고 있다
헐떡거리며

떼놈들과 왜놈들은 밤의 살쾡이

아시아여 !
독도와 간도를 위하여 피를 토吐하며 애곡하라

제 6부 풀잎 하나의 사랑

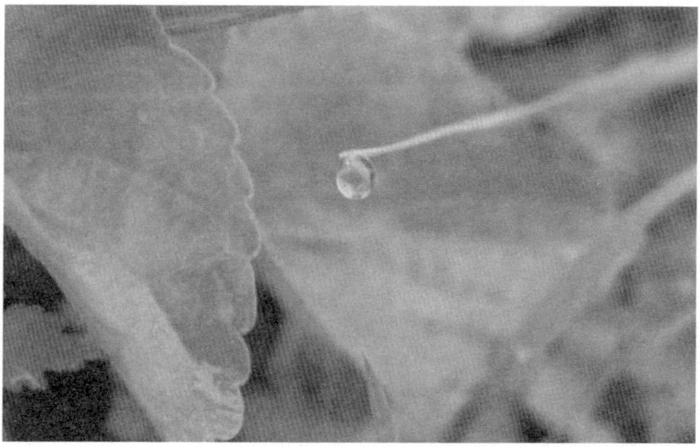

풀잎 하나의 사랑

물안개 피어오르고
개나리 노란 웃음 짓는
봄에는
풀잎 하나의
희망으로 세상을 새롭게 보게 하소서

떠나버린 당신의 그림자마저
마음속에는
흰 구름으로 되살아
엘리야의 씨앗으로
아직은
살아남아 있음을 감사하게 하소서

고요한 호수에 떠나가는 저 흰 구름 같이
연분홍 깊은 이 가슴을 흔들어 놓고
그리움만 남긴 채 가버린 임
그리워하고 있음에 감사하게 하소서

믿음으로 보고 듣고 생각하여도
심장에서 흘러나오는
그리움의 샘물이 마르지 않는 까닭은
당신의 포로라는 사실을 기억하게 하소서

이젠 당신은
내 마음에 보고픔의 상처를 주고
마지막 잎새의 희망으로
승부수를 던졌습니다

목련이 피고지고 개나리 피고지고
영산홍 붉은 꽃망울 화려한 립스틱에
찍찍거리는 새소리로 단 꿈을 깨면
실연기처럼 움터오는 새싹처럼
당신을 그리워하는 마음으로
살아가고 싶어요

겨울나무의 사랑

바람은 불고 산은 외로움에 떨고 있다
외롭게 보이는 나목裸木의 눈(雪)
수십 그루의 버려진 갈참나무
아무도 눈여겨보지 않는 계곡 빈틈사이
나체의 몸부림으로 내면을 다듬고 있다

버려 버릴 때
인간은 새로워진다

풍요와 화려함을 뒤로하고
내면의 공허 속에서 갈구渴求 할 때
흰 눈이 내려앉는다

파도가 부서지는 해변의 모래사장처럼
욕망의 파도를 타며 사랑의 날들을 모르고
스쳐 지나간 사연들
얼마나 많은 사람들이 눈(雪)을 제대로 보는가
겨울나무는 다듬이질을 하고 있다

솟구칠 그날의 장쾌壯快한 미래를 위하여

걸작傑作

숱한 해풍海風 견디며
바위가 모래 되는
인고忍苦의 세월 보내다

해조음海潮音 들으며
파도의 파편에
바위는 귀머거리가 되다

폭풍우 견디는 간난艱難 세월
보드랍게 정련精練된 금모래 되기 위해선
신산辛酸한 고통을 이겨내야 한다

하나의 기회機會

절망과 위기를
인생을 역전시킬 절호의 기회로 삼는 사람은
폭풍우 휘몰아치는 외로운 산중에
참나무의 뿌리를 생각하라,
바람 불 때 마다 뿌리는 더욱 깊이 들어간다

강을 거슬러 헤엄치는 물고기
강물의 소용돌이도 징검다리로 삼고
수직의 폭포도 거슬러 뛰어 올라간다

고통을 인간의 위대한 교사라고 생각하는
사람에게는 절망도 하나의 기회이다.
고통의 숨결 속에서도 영혼이 살이 찐다고
믿기 때문이다

혁명革命

태양의 용광로 같은 더위도
겨울 모진 찬바람
뼈 속 깊이 파고들어오는
추운 바람도
세상을 변화시키는 것은 아니다

통곡과 용감무쌍은 더욱 아니다

검은 산이 변화되는 것은
연약함에 의해서이다

동토凍土를 부드럽게 변화시키는 것은
연한 부드러움이다

부드러움으로 미소 짓고
기도하며 나오는 것이다.

새싹을 보라
기도하는 두 남녀를.

꿈틀거리는 몸부림

새로 오는 여름에는
흘리는 땀을
가슴에 담는 정성으로 맞이하게 하소서

초목들이 피어나는 때를 기다려
생애의 한 평생을 살게 한
신앙의 힘으로 나를 채우소서

이 무더운 여름에는
참회의 눈물로 살아야 함을 알게 하소서
오직 성령의 능력을 간구하여
절망을 희망으로 택하는 지혜를 알게 하소서

가장 비참한 생애의 순간일지라도 좌절 대신
소망의 열매를 위하여
광활한 대지와 같은 운명의 시간들을 개간하여
삶의 의미를 터득하는
기회를 삼게 하소서

무성한 나뭇잎의 호흡도
하늘과 연결되어
하늘의 뜻을 땅에 전하듯

꿈틀거리는 지렁이의 움직임
옆으로 기어가는 게의 발걸음
모두다 최선을 다하는 자신들의 운명이여
어떤 사람은 볼 때마다 조소할 수 있지만,

그렇지만
옆으로 가는 걸음걸이
꿈틀거리는 몸부림도
그들에게는 숭고한 삶이다

세상이 너를 알지 못할지라도

오월은
땅의 포효하는 밀어密語가
하늘 창공을 뚫어버리는 날들이다.

땅의 몸부림으로
겨울동안 인고忍苦의 시련을 보냈던
자기 정화精華를 실천했던 나무들의 수련修練이

연초록 기운을 띠고
연한 잎사귀 되어
하늘을 열고, 기운을 내뿜는다.

연초록의 작은 잎
힘이 없어 보이지만
이 세상에서 가장 강한 그 힘을
부드러운 연초록의 나뭇잎이 뚫어가고 있다.

상냥함과 온유함속에
강철 같은 칼날이 숨어 있고
부드러운 잎새 속에
쇠뭉치 같은 능력 있도다.

연초록 부드러움의 힘을 가지고
고난의 인생을 뚫어라.
절망의 인생을 뚫어라.
이슬 같은 영롱함으로

부드러운 잎새 같은 연초록 잎으로
세상이 너를 알지 못하고
가장 사랑했던 사람이
마음 아프게 했을지라도
달콤한 사랑의 키스를 받았다는 것만으로
풍파 많은 세상을 견디어 내거라.

오월 연초록의 부드러운
나무 잎새 같은 마음으로 건너라.

절망의 늪을 뛰어라. 악어의 수렁을
바람 부는 날이면 흔들거리는 너의 움직임에
나의 마음은 사랑의 고백을 듣고 있단다.

뚫어라 하늘을
그리고 우주의 심연深淵을 여행하자.

돌 하나

물길을 바꾼다

바닥에 떨어진 돌 하나가
물의 힘을 바꾼다.

바닥에 떨어진 돌 하나가
소리를 바꾼다.

바닥에 떨어진 돌 하나가
피라미 진로進路를 바꾼다.

청계천에 떨어진 돌 하나가 서울시를 바꾼다.

묘妙한 생生의 즐김

벼는 강렬한 입술로 태양을 빨아드리며
생生을 즐기고 있다

멸구는 뾰족한 주둥이로 벼의 속살을 빨면서
생生을 즐기고 있다

뿌리는 대지大地의 혼魂을 약탈하여
꽃을 피운다

문명국은 미개국의 재물을 약탈하여
문명이란 꽃을 피우고 있다

나는 천지를 훔쳐서 즐기고 있다
묘妙한 생生의 즐김이여 !

가을 단상斷想

오색찬란한 가을 물결 속에
바람은 흐느낌으로
잎새들은 화려한 채색 옷을 입고 속삭인다.

떠나야 한다기에
아쉬움을 숨긴 채 붙잡지 못하고
서로가 가슴속으로만 삭이고

말 한마디 못하고
잃어버린 사랑을
멍하니 바라보고 있다

이것이 인생이다

물레방아를 돌리는 것은

좁은 통속에서 나오는 물이
힘을 모아 뭉쳐서 떨어지고

대양을
항해하는
너의 힘찬 거보巨步 위해
떠밀려오는 가랑잎과
실지렁이의 은빛 꿈
신비한 계곡 돌 틈의 하얀 밀어
뿌리 하나의 사연도
곱게 담아

대양으로 가는
머언 여행길
외로운 여행 동반자들을 위하여
물어물어
돌리고 있다

생의 수레바퀴를 타고 돌아가는
돌이킬 수 없는 운명이여

물은 물레방아를 돌리고
인간은 운명을 돌린다
숱한 사연事緣이란 이름으로

한강 · 1

남한강 북한강이 서울에서 만나
어깨동무하고 속삭이면서 흘러간다
피보다 더 진한 사연들 주고받으며
가슴 파헤치고 마음 나누며 길을 간다
참 아름다운 마음들

한강 · 2

피에 젖은 꽃잎들이 역사의 물결 되어
전란의 세월마다 상처를 씻어내고
바람에 쫓겨 흐느끼는 사람들을 숨겨주는
내 어머니여 !

듣고 또 들어도 끝이 없는 당신의 옛날이야기
온조 백제에서 한강의 기적까지
인고忍苦의 세월
풍파의 세월을 이겨낸 사랑의 여로旅路
63빌딩은 너를 보기 위해
망부석望夫石처럼 서있다

혁명革命의 동력動力

흰 눈
한 순간에 세상을 바꾸다

꽃처럼 피어나는
하얀 세상 꿈꾸다

오색찬란한 빛깔은 아닐지라도
천하를 물들이는

정신일도精神一到는
하사불성何事不成

하얀 눈.

비누

버리다니
향기 나는, 옥玉 같은 몸을 버리다니
없어지면서도 다른 사람의 때를 없애주는,

깊은 마음
속사연,
잘 알 수 없으나
진실함을 알 수 있다

사라지면서도
웃을 수 있는,
오색거품을 품을 수 있는,
너의 삶을.

건강택견 무희武戲

선녀가 춤을 추듯
흰옷 입고 흔들흔들
머리까지 휘날리며
활개 돌리고 잡아당겨

굼실굼실 우쭐우쭐
발걸음도 부드러워
오금치고 얼렁째차고
한손 긁고 는질러차니

손발이 왔다갔다
부드럽고 힘차구나
뒤로 돌아 발따귀 차니
아이구 아찔거려

앞으로 돌아 발등 걸고
뒤로돌아
솟구쳐 양발 차니
거참 묘하네

신선이 따로 없어

날며 돌며 손발 나가니
요리저리 피하다가
품 밟아 는질는질

우물우물 얼렁얼렁
만세만세 건강만세
건강 택견 만세

양생養生 묘득妙得

기다리는 인생 여정
인내와 준비로 살아
열매 맺는 내일을 준비해야 하오

인생의 길은 평탄한 길보다
굴곡이 많아
정성스럽게 발 딛지 않으면
함정陷穽에 빠지니

명철한 생각을 굳건히 해서
마음 지키기를 보물 지키듯 하고
평정심을 잃지 않고 만물을 대하다면

거칠은 항해일지라도
안심할 수 있어
양생의 묘득妙得을 체득하리라

삶과 죽음이 하나인 인생살이
날마다 백척간두百尺竿頭 위태하지만
마음 굳게 붙잡고 겸손으로 나간다면
후회할 일 적어 마음에 상처 덜 입히리

육체보다 더 귀한 보물 없으니
먹든지 마시든지 가장 좋은 방법을 찾아
하나밖에 없는 몸을 학대하지 마소

몸이 병들면 마음에 상처傷處를 주고
상처 입은 마음 올바로 판단할 수 없어
득도得道의 길은 멀어만 지니
심신이 안정되어야 도를 얻는다네.

선사禪師의 설법說法

마음이 불안해 견딜 수 없습니다.
"너의 불안한 마음을 가져오너라"
아픔과 상처 속에 깨달음은 영글어 가고,
'붉은 눈을 내리게 하는 자가
동굴 속 괴승의 첫 번째 제자가 될 것'
전설 같은 얘기를 듣고 있었네.

"'불안한 마음'을 가져오너라.
그러면 너를 편안케 해주겠다."
밖에서만 극락極樂을 구求하던 마음
내면內面으로 돌리게 하였네.

만상萬象은 쉬임없이 일어나고,
사라지고 있을 뿐,
마음이란 쉬지 않고 흐르는 생각들의 잔형殘形,
육체란 느낌과 감각들의 총체總體,
아무것도 견고한 것은 없고,
그 어느 것에도 매달릴 만한,

'내'가 없음을 깨닫는 것.
"누가 너를 그렇게 구속拘束했느냐.
그놈을 데려오면 해탈解脫케 해주겠다."

여호와 라파

구속의 은총 받은 예수 사랑을 실천하는 자여!
주의 사랑을 빈약한 자들에게 나타내는 그대,
어려운 수렁 속에 빠질 때 여호와가 들어올려,

그대 병상에 누워 신음할 때
여호와 라파가 치료하고,
그대 원수에게 쫓기면
여호와 솰롬이 구원하시네.

주님은 그대의
눈물, 기도, 신음소리 하나도 놓치지 않고
가슴 가득 담으시어,

가장 좋은 것으로 응답하여 다시 일으키시고,
주님의 용사로 우주에 세워,
구원의 하나님을 영원까지 찬송케 하니,

주여 당신의 모략은 영원무궁하고
찬송을 세세토록 받으실 만하니
찬송하고 찬송하라

여호와 닛시.

| 작품 해설 |

염담허무恬澹虛無 속에 피어나는 사랑 이야기

표 성 수

문학박사, 삼육대학교 국문학 교수 역임,
한국시치유 · 시낭송협회 상임고문

염담허무恬澹虛無란 말이 있다. 이 말은 마음을 편안하고, 담담하게 하여, 생각을 비워서, 욕망이 없다는 뜻이다.

마음은 본래 편안하고 담담하고 텅 비어 아무 것도 없는 것인데, 사람은 오욕칠정五慾七情에 휩싸여 생명력은 충격을 받고 지쳐서 병이 오게 되는 것이다. 이를 간파한 사람이 평담거사平潭居士 설영익 교수다.

그는 건강에 지대한 관심을 가지면서 염담허무란 말을 금과옥조로 삼고 이를 실천하고 있다. 그의 아호雅號를 평담平潭이라 한 것도 그런 맥락에서 이해하면 된다. 그러면서 그는 사랑의 언어를 박진감 넘치는 액추앨리티actuality로 풀어 이야기하고 있다.

아직 봉우리로 남아
보이지 않는 훈훈한 숨결을 품다

세상을 향한 환한 호기심으로
밝게 드러내고 싶다

은은한 봄 햇빛에 취하면서
꽃피는 그날의
화려함의 가치를 헤아리고 싶다(꽃 피는 그날, p. 22)

흐르는 물처럼
세상의 모든 것을 미소로 담고
시간의 문턱 사이를 오가며
당신의 향기를 그리워합니다(가슴의 향기, p. 63)

여기 나오는 〈훈훈한 숨결〉, 〈밝게 드러내고 싶다〉, 〈은은한 봄 햇빛〉, 〈세상의 모든 것을 미소로 담고〉 이런 말들은 염담허무의 경지를 드러내고 있다. 그의 작품 중 가장 이런 냄새가 나는 작품은 아래와 같다.

기다리는 인생여정
인내와 준비로 살아
열매 맺는 내일을 준비해야 하오
인생의 길은 평탄한 길보다
굴곡이 많아

정성스럽게 발 딛지 않으면
함정에 빠지니

명철한 생각을 굳건히 해서
마음 지키기를 보물 지키듯 하여
평정심을 잃지 않고 만물을 대하다면

거칠은 항해일지라도
안심할 수 있어
양생의 묘득을 체득하리라

삶과 죽음이 하나인 인생살이
날마다 백척간두 위태하지만
마음 굳게 붙잡고 겸손으로 나간다면
후회할 일 적어 마음에 상처 덜 입히리

육체보다 더 귀한 보물 없으니
먹든지 마시든지 가장 좋은 방법을 찾아
하나밖에 없는 몸을 학대하지 마소

몸이 병들면 마음에 상처를 주고
상처 입은 마음 올바로 판단할 수 없어
득도의 길은 멀어만 지니
심신이 안정되어야 도를 얻는다네(양생 묘득,p.166-167)

이 시에서 그는 얼마나 염담허무로 살기를 원하는지 알 수 있다.

그의 삶의 철학은 염담허무를 근간으로 하되, 화이불류和而不流 즉 어울리되 휩쓸리지 않는다는 정신을 항상 호신부護身符로 무장하고 있는 것이다.

평담의 생애 중 운동과 건강 그리고 무술은 그의 육체와 정신에 영롱한 보석처럼 아로새겨 빛나고 있다.

그는 무술 28단의 고수이다. 공인 무술만으로도 합기도 6단, 특공무술 6단, 혈도술 8단, 단도술 8단. 여기에 본업이라 할 만한 택견은 '정正선생(최고 지도자를 가리키는 호칭)급'으로 불려지며. 그 외 차력, 격파술 같은 무술도 두루 익혔다. 그가 그런 가운데 많은 환자를 만났고 그들에게 간단한 무술체조를 가르쳤다. 그런 가운데 '정법도正法道'라는 무술을 개발하였는데 이는 인체의 건강 원리를 수행과 연계시킨 무술체조이다.

선녀가 춤을 추듯
흰옷입고 흔들흔들
머리까지 휘날리며
활개 돌리고 잡아당겨

굼실굼실 우쭐우쭐
발걸음도 부드러워
오금치고 얼렁쌔차고
한손 긁고 는질러차니
손발이 왔다갔다
부드럽고 힘차구나
뒤로 돌아 발따귀 차니
아이구 아찔거려

앞으로 돌아 발등 걸고
뒤로돌아
솟구쳐 앙발 차니
거참 묘하네

신선이 따로 없어
날며 돌며 손발 나가니
요리저리 피하다가
품 밟아 는질는질

우물우물 얼렁얼렁
만세만세 건강만세
건강 택견 만세(건강택견 무희武戲, p. 164-165)

그가 택견을 할 때는 실제로 이 시처럼 춤사위가 신명나게 돌아가는 것이다. 택견의 리듬과 시의 리듬은 하나의 호흡이며 맞춤이다. 사람의 생명을 유지케 하는 호흡도 흡기(吸氣, 들숨)와 호기(呼氣, 날숨)가 리듬에 맞춰 하나의 완전한 숨을 이루듯이, 삶에서 사랑이 없다면 존재가 없다는 것이다. 호흡이 없는 육체는 죽은 몸이 듯이 사랑이 없는 삶은 살아있으나 죽어있다는 논리이다. 즉 사랑과 삶은 이퀼equal관계라는 것이다. 다음 시가 바로 그런 것이다.

너의 호흡소리가
귓전을 때리지 않는다면
너의 눈망울이
내 눈가에 서려지지 않는다면

너의 입술에서 흘러나오는
애모의 언어가
내 가슴 속으로 파고 들어오지 않는다면
그날은 가치 없는 날이다(가치 없는 날, p. 89)

평담의 시에는 <피>가 많이 나온다.

피눈물로 흘러내리는(흐느끼는 애모 1. p. 24)
상처 난 피사랑, 피 흘린다 해도(상처 난 피사랑일지라도, p. 27)
피를 말리는 그리움, 피 맺힌 사랑의 힘(하소연, p. 36)
피 흘린 상처(임의 가슴 속에, p. 40)
피 묻은 가시밭길, 십자가 붉은 피(피 묻은 애모, p. 48)
피 끓는 정열로(한 번뿐인 사랑을 위하여, p. 53)
붉은 선혈, 피 묻은 전장(계백을 그리며, p. 118)
흘러나오는 피, 피 냄새(배중손 장군을 추모하며 p. 124)
피 비린내, 피 토하고(일어나거라! 용장산성 p. 126)
왜군의 발짜욱 소리는 피(血) 비(진주성 혈전血戰, p.129)
조선의 옥토는 용암처럼 피를 토한다 (진주성 혈전血戰, p. 129)
피리소리도 울면서 피눈물로 지킨 성이여 (진주성 혈전血戰, p, 130)
진중陣中에서 피 흘리며 (진주성 혈전血戰, p, 130)
붉은 피는 강을 이루었지만 (진주성 혈전血戰, p, 130)
당신들의 피눈물의 피리소리 피리소리(진주성 혈전血戰, p, 131)
피 흘리는 달빛 (남원성 전투애가戰鬪哀歌, p. 134)
피 묻은 날카로운 송곳니 들어내고(남원성 전투애가戰鬪哀歌, p. 134)
핏방울 뚜욱 뚝 떨치며 빙빙 싸고돈다(남원성 전투애가戰鬪哀歌, p. 134)
죽음으로 의를 행한 피로 쓴 역사(남원성 전투애가戰鬪哀歌, p. 135)

민가에서 펴져 나오는 피의 연기(남원성 전투애가戰鬪哀歌, p. 1
35)
피 싸움, 피눈물(울돌목 잔상, p. 137)
피 맞을 준비, 피 토하고(조선무인 남이흥, p. 140)
하얀 옷에 박혀 피를 뿜어낸다(쌍령 전투애가戰鬪哀歌, p. 142)
개나리 냄새보다 더 몽롱한 피(血)의 잔향殘香(쌍령 전투애가 戰鬪哀歌, p. 143)

피보다 더 진한(한강 • 1, p. 160)

피에 젖은(한강 • 2, p. 161)

그 외에도 피 이야기가 많이 나온다. 피는 순수하다. 생명 그 자체이다. 사랑이 인생 자체라고 보는 것, 이런 사상은 그의 철학적 사상과 결코 무관하지 않다. 평담의 시는 끊임없는 자기 존재에 대한 피와 관련된 순수한 사랑과 관련된 화두의 연결이다.

이 존재 확인의 가장 쉬운 방법이 사랑이라는 것이요, 피 흘림이다. 그는 삶과 죽음이 하나라고 말한다. 하루가 낮과 밤이 하나이듯, 음과 양이 태극으로서 하나를 이루듯이 삶을 양이라고 보았을 때 죽음은 음이라고 보는 동양학적인 사상과 일맥상통하는 면도 내재해 있다.

삶과 죽음이 어우러져 한 폭의 인생을 그리고 그 인생의 포인트는 사랑에 의해서 존재 확인이 된다는 것이다. 다시 말하면 존재는 사랑하는 것이다. 비존재는 사랑이 없는 것이다. 삶과 죽음이 하나라고 해서 죽음을 찬양하는 것이 아니라 다가올 운명이라면 조용히 맡기고 즐기라는 것이다.

또 한편으로 왜! 시인은 <피>를 그리 많이 언급하고 있는 것일까? 사랑 이야기에 물을 말하지 않고 피로써 말하는가?

도교에서는 양생법을 기반으로 내단內丹이란 말을 자주 말한다.

내단內丹은 인간의 내적 조건의 변형을 통하여 기氣를 기르고, 정신을 집중하여 심신수련을 통한 자기완성을 목적으로 하는 정신 수련법이다. 이런 신체 안의 여러 기능이 잘 돌아가려면 피가 잘 돌아가야 한다. 그러므로 피는 생명이다.

이런 생명이 외부의 여러 악조건 아래서 잘 돌아가기는 커녕 피 싸움으로 피를 흘리게 되고, 피를 토하게 되어, 인간의 비극이 초래되는 것이다.

이런 피 흘림의 역사를 시인은 바라보면서, 한없는 연민의 정을 갖게 되고, 피 흘림이 없는 세상을 오게 하는 것은 사랑만이 상처 난 인간을 치유할 수 있다는 결론에 이르러 사랑의 이야기를 노래한다.

사랑의 노래에 피는 진실성, 순수성이 녹아 있다. 가볍게 쉽게 사랑의 대상을 보지 말라는 것이다. 왜냐하면 사람 하나하나는 소중한 하나의 세계요, 소우주인 것이다.

사랑은 너무 고귀해
진주 같아서
아무 데서나 마음을 휘어잡는
고백은 할 수 없어요

파도가 팡파르 울려주고
물새가 춤을 추고
광풍에도 쓰러지지 않았던
청석나무가
북풍을 가려 줄 때
고백할 수 있어요(임을 향한 애가, p. 28)

사랑은 너무 고귀하다고, 가벼운 것이 아니라고 말한다. 사랑한다는 고백은 사랑의 여건이 성숙되어 있을 때 비로소 고백한다는 것이다. 그만큼 사랑은 값진 것이요 소중한 것이다.

그런 임이 이별할 때의 허전함과 슬픔은 고려가요 〈가시리〉를 연상하게 한다.

연꽃보다 더 진한
그리움으로 마음을 사로잡았던 임
저녁 솔 향 연기처럼 마음 주고 사라져 버리네
손짓 한번 다정한 밀어도 없이
대나무 잎 울리는 바람처럼
,,,,,,,,,,,,,,
가신님 보내고 싶은 마음
하나도 없지만
뒤돌아 오는 공허한 뒷모습은 보이기 싫어
서러움에 복받쳐 눈물만 흘려요

임은 향불로 거듭 태어나
한 송이 꽃을 가슴에 새겨놓고
바람 부는 날
비 오는 날이면
가슴에 찾아와

노크하여요(가신 님 그리며, p. 35)

가신님은 누구일까? 시인은 구태여 말하지 않는다. 가신님은 하나님(예수님)일 수도 있고, 민족일 수도, 애인일 수도 있다. 셋이 다 맞는다고 할 수 있고, 아니면 따로 일 수 있다, 한 사람이 나왔다가 지나가고, 또 한 사람이 왔다 지나가는 3자 혼용 교차의 오버랩overlap일 수도 있다. 하나이건, 둘이건, 셋이건 그건 문제될 수 없다.

주어진 환경에 따라서 응용될 수 있기 때문이다. 다음의 작품도 위와 유사하다.

강물도 흐르고
세월도 흐르고
청춘도 흐르고

기다리는 임은
소식이 없어
차라리 만나지 말았더라면
차라리 듣지나 않았더라면

나는 가슴으로 울고 있네
찬이슬 맞아가며
짭짤한 해풍을 얼굴에 비벼대고

나는 심장으로 울고 있네

오신다는 말이나 하지나 마시지
변죽만 울리고 애간장 녹이는 임아

저 달이 변하면 오신다더니
태양으로 징표를 삼는다더니
별이 떨어지면 오신다더니

이젠 홀로 남아

찬이슬 가슴에 품고
흐느끼리라
아무도 몰래 옷소매로
입을 막고
흐느끼리라

은하銀河의 눈물에 젖어
달빛에 젖어
이 밤도
흐느끼리라(이 밤도 흐느끼리라, p. 38)

이 작품은 예수님의 재림을 기다리는 간곡한 신앙인의 지순至純한 자세를 보여준다. 당唐나라 시인 두보杜甫의 실제작失題作의 "어느 날에(본향으로) 돌아갈 해인가?何日是歸年"를 연상하게 하는 시라고도 말할 수 있다. 주님의 다시 오심은 천하 만민이 기다려야 할 대명제이다. 우리는 그 날을 간절히 사모하며 준비해야 할 것이다. 그의 대부분이 사랑 이야기의 시이지만 신앙시도 많다. 몇 편을 보면

당신을 향한 그리움은 나의 삶의 전부
당신의 외로움은 나를 향한 애모였음을 나이 들어 알았습니다.

인자는 거처할 집도
따스한 이웃도 없이
나를 향한 그리움, 갈망 그 자체로 사셨습니다

당신은 홀로 피 묻은 가시밭길 짐을 지시고
고독의 외나무다리를 건너갔습니다

내 인생의 키워드는 당신에게 있건만
난 당신을 멀리하고
파도에 휩쓸려 멀리 떠나가는 난파선처럼
홀로 살려고 발버둥 쳤습니다
멀리, 멀리 도망간 둘째아들 탕자처럼 집 떠난 지 수년
난 아버지를 생각지도 않았건만
그리움에 목이 마른 당신이
대문에 기대어 기다리는 나의 아버지였음을 나중에 알았습니다

십자가 붉은 피는 마음으로 흐르고
입혀주신 가죽옷은 내 삶을 가려주니
통한의 눈물로 심장을 씻어내고
생명 버린 당신사랑
뼈마디에 새깁니다.

아버지여,
당신은 내 희망의 원천이니
이 마음 변치 않고 따라가게 하옵소서
(피 묻은 애모, p.48)

그의 시집 100 편의 시 대부분은 사랑에 관점 point of view을 두고 있다. 그는 순연純然한 사랑의 정서가 내면에 흐르고 있다. 언어의 직조織造는 사랑, 그 자체이다.

나의 사랑이여
달빛 같은 은은한 그리움
소슬바람 불 때 마다 생각나는 당신모습
미칠 것만 같은 마음인데
당신 생각은 더 또렷해(한 번뿐인 사랑을 위하여, p. 46)

우주의 모든 통증은
소통의 부재
사랑한다는 말을 듣지 못한
세포들의 아우성(통증, p. 103)

그의 시어詩語는 동심童心에 젖어 있고, 부끄러움을 타는 여심女心의 달콤한 슬픔sweet sorrow이 있다. 그러다가 가끔은 본능적 육감肉感이 보이기도 한다.

그의 날카로운 자궁을
땀 냄새나는 내 살에 바짝 대고 한눈 판 사이
찔러 댄다(옥토沃土, p. 108)
실뿌리 하나
아무도 보는 이 없다
땅속을 헤집고
요리저리 피하며
더듬이를 세우며
어두움을 몰아내고
사랑의 신음소리를 찾고 있다(갈망渴望, p. 67)

내 가슴이 떨려 오는 것은
그대를 향한
그리움에 지쳐 타는 몸부림으로
그대의 숨결을 의식하고 부터이다.

....

너의 영롱한 눈에서 흘러내리는 방울이슬과
가느다란 숨소리는
심장의 동방결절을 요동하게 한다.

....

모진 광풍에도
떨어지지 않고 붙어 있는 것은
격렬한 몸부림의 사랑의 에너지가
세포 속으로 교류하기 때문이다

....

사랑은 외로움과 고통과 절망 속에서만
영글어지는 내단內丹이다(운명運命, p. 68)

또한 시인은 애국적인 시와 역사를 잊지 말자는 역사의식을 고양한다.

그리고 고장의 역사 사적과 애향愛鄉의 시들을 내보이고 있다.

조선朝鮮과 왜倭
증오의 파도가
갈가마귀 처럼 울부짖는다.
숨어있는 미움
격렬한 몸부림
탐욕의 고통 속에
피 흘리고 통곡하는 생명들

비극 어디서 와서 어디로 가는가?

133:12척
피 싸움
살기殺氣 물속에 번뜩거리고
작은 섬들 신음呻吟하고 있다.
휘청거리는 벽파진碧波津과 우수영
칠흑 같은 절망의 모퉁이
하늘에 빌고
운명運命 맡기다(울돌목 잔상殘想, p. 137 중략)

마지막으로 고려시대 몽고와의 치열한 전쟁을 묘사한 남도석성에서는 힘없는 민족에 대한 사랑의 호소를 하고 있다. 힘이 없으면 노예가 된다는 것이다.

정갈한 돌들
서남해 광풍狂風 막고, 조개 숨소리 들으며
역사의 증인으로 남아, 민족 앞에 하얀 몸 드러낸다.
금빛바다 바람결 따라오는 짭조름한 냄새
거친 파도숨결 가슴으로 품어
한 송이 꽃, 피워낸 남도석성.

고아한 자태는
꿈꾸는 객客들의 흠모의 대상
민족혼으로 뭉쳐진 기개氣槪는 적군의 심장 서늘케 하였다.

너는 자주와 독립 외치고
의분과 강개로 뭉쳐진 용사들 숨겨주며
배불리 먹이고 힘을 실어 주었던 우리들 어머니.

왜구의 침탈, 몽고의 약탈 속에서
진도를 지키고, 민족과 아픔을 같이했던
너의 아름다움

흘러가는 세월의 분수령에 서 있는
오늘.
역사의 증언대 위에서 묵묵히 증언한다.

세상의 역사가들이 정론필치 못할 때
무언의 몸짓으로, 변함없는 역사의 실체로 남아
항쟁의 그날들, 심중에 간직하여
마음으로 마음에 전하도다.
힘!
힘없으면, 노예가 된다오
힘을 기르시오.

남도석성의 속삭임이외다.
남도석성의 외침이외다(남도석성, p. 122)

삶은 연주하는 것이다. 연주에는 조화가 있어야 한다. 그런데 삶을 연주하면서 우리는 기준음基準音을 놓치고 있다. 삶의 기준음은 무엇인가? 그것은 사랑이다. 사랑이 없는 삶은 한갓 울리는 꽹과리에 지나지 않는 것이다. 사랑을 하는 사람은 행복하다. 여기 첫 시집을 내는 평담은 사랑을 노래하기를 좋아한다. 그의 사랑의 대상은 사람인 애인에게도 있지만 그는 하나님을 가장 사랑한다.

왜냐하면 하나님을 사랑하는 것이 가장 행복한 것

을 알기 때문이다. 이 시집은 사랑의 이야기가 가득한 시집이다. 무엇보다도 가장 큰 임 예수님을 사랑하고 그의 재림을 간절히 기다리는 시인이다. 이것은 우리 모두의 바람이기도 하고 우리가 불러야 할 주제곡主題曲이다.

평담의 첫 시집 한 모퉁이에서 작품 해설을 쓴답시고 자리를 차지하게 되어 송구하기도 하다. 왜냐하면 오히려 누가 되지 않았나 생각하기 때문이다. 끝으로 이 시집을 상재上梓한 평담거사에게 일익흥왕日益興旺하는 문운文運이 있기를 빌면서 이만 줄인다.

| 저자 경력 및 약력사항 |

삼육대학교 물리치료학과/ 사회복지학과 졸업
원광대학교 대학원 기학전공 졸업
철학 박사/자연치유학 박사
현)종합문예지 서울문학 시낭송 협회 회장
현)한국 보완 대체의학 시치유·시낭송 협회 회장
현)한국 보완 대체의학 문학치유협회 회장
현)한국 건강택견협회 회장/세계 건강택견 연맹회장
현)대한 정법도 협회 이사장
전)삼육대/ 고려대/ 경희대 체육대학원/ 경기대 대체의학 대학원 CEO과정 지도교수 역임
현)삼육대학교 사회교육원 보건복지 과정 교수
현) Phillipines 시립 Makati University 교수
현)Phillipines 국립 EARIST University SAP 원격대학 교수
현)Phillipines Romalinda University 부총장
작품집 : 『문학과 신앙』3-16집(공저)
『흐느끼는 애모』

| 저자 소개 |

시인 설영익은 수필가이며, 가수이자 작사자이다. 호는 평담平潭, 심원深元 등이다.

월간 흔맥으로 등단하였으며, 한국문인협회, 국제 Pen 클럽협회, 서울문학, 재림문인협회, 등에서 활동하고, 참여문학 편집위원과 종합문예지 서울문학 시낭송협회 회장으로 있다.

남북화합 시낭송대회장과 한국 보완대체의학 시치유 및 문학치유회장으로 활동하고 있다.

또한 전통무술 연구가 이다. 동아시아 해상강국이던 백제무술을 연구하고 있으며 현재는 세계 건강택견연맹회장으로 활동하고 있다.

삼육대학교에서 물리치료와 사회복지학을 전공하였고, 전북 대학교 대학원에서 경영학을 공부하였으며, 옥스퍼드 대학교에서 연수하였다.

자연치유 연구를 위하여 자연농업 연구와 자연류 무술의 실천을 30여년 동안 하였다.

東學, 道家, 佛家, 武家, 대차력 등을 수련하였고, 원광대학교 대학원에서 기공학과 기학을 전공하여「동학수행론연구」로 철학박사학위을 취득하였다. 경희대학교 체육대학원, 경기대학교 대체의학대학원, 고려대, 삼육대학교, Phillipines 시립 Makati University, Phillipines Romalinda University, Philippines 국립 EARIST University SAP 원격대학 에서 인생을 20년 젊게 하는 자연치유 대체의학과 건강택견을 중심으로 보건복지 분야를 강의하고 있으며, 30여권의 저술과 함께 건강택견 체조를 한류 건강 상품으로 만들어 세계로 보급하고 있다.

안순보 (제호 표지 글 및 그림)

약력

- 대한민국 님의 침묵 전국 서예대전 대상 대통령상 수상
- 님의 침묵 서예대전 초대작가
- 대한민국 서예문인화 대전 초대작가
- 삼육대학교 사회교육원 서예치유 지도자과정 외래교수